JACQUES LANZMANN

avec la collaboration de Vincent Landel

Fou de la marche

ROBERT LAFFONT

FOU DE LA MARCHE

Né en 1927 à Bois-Colombes (Hauts-de-Seine), près de Paris, Jacques Lanzmann commence une carrière de peintre (groupe de l'Ecole de Paris) qu'il abandonne pour voyager autour du monde. Il gagnera sa vie comme ouvrier dans une mine de cuivre au Chili, joueur professionnel, contrebandier, homme de ménage, camionneur, peintre en bâtiment, et rapportera de ses expéditions des romans-reportages pleins de verve et de couleur.
Principaux livres : La Glace est rompue *(1954),* Le Rat d'Amérique *(1956),* Cuir de Russie *(1957),* Les Passagers du Sidi-Brahim *(1958),* Un Tyran sur le sable *(1959),* Viva Castro *(1959),* Qui vive ! *(1965),* Le Têtard *(1976),* Les Transsibériennes *(1978),* Rue des Mamours *(1981),* La Baleine blanche *(1982),* Le Lama bleu *(1983),* Le Septième Ciel *(1985).*
Critique dramatique aux Lettres françaises *de 1955 à 1958, fondateur avec Daniel Filipacchi du magazine* Lui *(1963-1969) et d'*Edition spéciale *avec Jean-Claude Lattès (1968-1973), il a écrit divers scénarios pour le cinéma et la plupart des chansons de Jacques Dutronc.*
Jacques Lanzmann pratique la marche depuis dix ans et n'arrête pas de voyager aux quatre coins du monde.

Tout le monde le sait : Jacques Lanzmann est un grand marcheur devant l'Eternel. Des Andes à l'Himalaya, de la forêt de Saint-Germain au Tibesti, des Cévennes au Kilimandjaro, de Bornéo à la Réunion, il a couvert, en marcheur conscient, des milliers et des milliers de kilomètres.
C'est le fruit de son expérience qu'il nous livre ici. Parlant de la marche — cette activité primordiale dont notre société redécouvre la valeur —, il l'envisage sous tous ses aspects, pratique, psychologique, voire spirituel.
On apprend comment s'équiper, et de quelle particulière manière — selon que l'on marche dans le désert ou en montagne, dans une forêt française ou dans la jungle —, comment maîtriser son souffle, comment se reposer. Le tout illustré par des anecdotes, des rencontres, des souvenirs, des photos...
Parce qu'il est signé Jacques Lanzmann, *Fou de la marche* est un livre plein de vivacité et d'humour qui parle de plaisir, de bonheur et de joie. Marcheur ou pas, on « marche ». Sous les pas de ce diable d'homme, le monde s'ouvre; on découvre des paysages grandioses, des peuples magiques; on se découvre.

Paru dans Le Livre de Poche :

LE TÊTARD.
LES TRANSSIBÉRIENNES.
RUE DES MAMOURS.
LA BALEINE BLANCHE.
LE LAMA BLEU.
LE SEPTIÈME CIEL.
L'ÂGE D'AMOUR.

A Nicole et Jean-Claude Lattès
qui m'ont proposé,
un beau jour,
de mettre mes pas dans les leurs.

Ph. Michel Baret/Rush

Avec mon fils David (dix ans et demi)
au cours des Cent kilomètres de Bernay.
David en fera vingt.

Monter le plus haut possible pour descendre au plus profond de soi-même.

Le style, le don, la grâce font le marcheur.

L'énergie, l'art et la manière font qu'il persévère parfois jusqu'à la casse, la destruction.

La mécanique s'use comme s'usent les pièces d'une machine. Elle se répare, se remplace, difficilement. Le bistouri est plus délicat à manier que la clef anglaise. Articulations et os ne se vendent pas encore au rayonnage des supermarchés. Alors, faut-il forcer ou s'économiser ? Ronger son frein à petite allure ou bien bouffer son cartilage dans de folles courses ? A vous de voir, de jauger, de juger. Il y a trente-six façons de marcher, comme il y a trente-six façons d'aborder les étoiles, de draguer les filles, d'élever ses gosses, de tracer des signes, de se dessiner des schémas.

La balade ! Ça n'est pas mon fort. Trop d'ennuis, de mièvrerie. Son rythme m'épuise, me vide.

La randonnée : grisante en accéléré, mortelle en surplace. Souvent anesthésiante quand on la pratique en groupe et qu'on ne réussit pas à se dégager du peloton.

La marche de compétition — horrible quand l'athlète se déhanche comme s'il allait se désosser — superbe lorsque le style est à la hauteur de la distance.

La marche-démarche, autrement dit : la marche mystique, voire messianique : celle qui nous emmène et nous transporte, tantôt avec élan, tantôt avec découragement, d'un point gris à un point magique.

Puisque je pratique toutes ces formes de marche, à l'exception de la balade, je peux dire que je suis un marcheur de tous les ciels mais surtout du septième.

1. La balade

Je ne connais rien de plus triste que cette marche-là. Le baladeur traîne son corps endormi dans l'espoir de s'ouvrir l'appétit ou de faciliter sa digestion. Il se trouve réduit à l'état de légume : au retour, il est bon pour le pot-au-feu. C'est la Toussaint de la marche, le ballet des feuilles mortes.

2. La marche sous pression, ou marche à l'énergie : élimination et transformation

C'est quand ma propre chaudière est bourrée jusqu'à la gueule de toxines accumulées durant des mois et que je vais transformer en une énergie quasi nucléaire. Il faut savoir retraiter ce matériau nocif, aussi bien l'angoisse, l'idée noire que les lipides ou le cholestérol. Faire de ces déchets radio-inactifs des flambées de Noël.

Phénomène de thermodynamique, je deviens moi-même une locomotive lancée à toute vapeur sur mes rails désoxydés. Les jambes se mettent à fonctionner comme des pistons, des bielles.

Le cœur est une formidable machine à distribuer l'imagination ou, au contraire, à la juguler. Il m'arrive, en effet, de marcher à l'énergie pour me mater, mettre au pas mes pensées. Faire le vide. L'état de grâce survient quand j'accède au néant. Une méthode et un aboutissement qui feront sourire certains et que d'autres comprendront. Ils sont le fruit d'une longue expérience, d'une technique éprouvée, élaborée dans ses plus infimes détails. A l'inverse des arts martiaux, elle n'est pas enseignée. D'ailleurs, elle est difficilement transmissible. Surtout, elle ne sert strictement à *rien*. Chaque marcheur doit l'inventer, l'ajuster aux capacités de son propre chaudron.

Cette marche sous pression confine à la béatitude, mieux : à l'ataxie. La drogue, quoi ! Après quelques heures de dépassement de soi, l'organisme provoque la fameuse poussée d'endorphine qui fait atteindre l'antichambre du septième ciel.

Il m'arrivait même de demander mon chemin aux croix de bois et aux couronnes de feuilles, c'était pareil, avec cette différence que je n'osais pas gueuler après les morts. Le brouillard, par endroits, se mélangeait à la nuit et cela faisait comme un maquillage de clown. J'en bavais ! Certain de m'être égaré pour toujours dans ce coin blafard, j'hésitais entre les pleurs et le rire. Le rire, qui n'est jamais qu'un pleur contrarié, l'emporta. Tout était chamboulé. Brusquement, je cessai de rire net, il y eut comme une cassure dans le monde. J'entendais un son, il venait de loin en se rapprochant, on aurait dit une abeille mécontente, un homme qui ronfle, un chien qui grogne, quelque chose qu'on rogne. Énorme ! C'était un moteur qui moulinait dur sous un capot. « Un moteur ? » dis-je tout haut en sortant des nuages. « Un moteur ? une route ?... »

Comme un fou, je me ruai sur la civilisation et je hélai le camion :

« Por favor, el camino por Tajin ? » lançai-je.

Le camion passa sans ralentir. Voilà que je faisais peur aux bandits mexicains !

J'attendis, rassuré. N'avais-je pas, sous mes pieds, une route tracée par des géomètres, quelque chose de pensé par des ingénieurs ?

Apercevant les phares d'un autre camion, je gagnai le milieu de la route en souriant. Ce sourire en disait long, c'était celui d'un homme blanc à un autre homme blanc. Le camion fit jouer ses phares, je m'écartai. Il ralentit, je vis la tête du chauffeur penché hors de sa carlingue, il fouillait l'obscurité.

« Por favor, señor, el camino por Tajin ? »

Deux formidables détonations furent sa réponse. Il avait visé au-dessus de ma tête. C'était un homme civilisé.

Je fis quelques pas en chancelant et m'immobilisai devant une pancarte soudainement surgie de la nuit. Craquant allumette sur allumette, je parvins à lire : « El Tajin Sitio Turistico. 1 km 500. »

Mexique, à la recherche de la pyramide de Tajin

Hier, on a « cousu » la montagne, c'est-à-dire que nous n'avons pas cessé de monter et de descendre, comme si nous étions tirés, fil humain, par une aiguille à repriser.

Tous les moyens sont bons pour arriver à destination du grand Tout, ou du grand Rien. Parfois, propulsé au milieu d'un paysage sublime, il faut savoir s'en détacher, l'oublier. L'une des meilleures recettes dans l'oubli de soi-même — et qui est presque dégradante — consiste à se mettre à compter ses pas à n'en plus finir. Je sais, par exemple, que 1 250 de mes foulées équivalent à un kilomètre.

Vérités et contrevérités, j'affirme parfois des choses insensées : que je sois au Népal, en Himalaya, ou en Chine, le long de la Grande Muraille, je ne m'intéresse pas au paysage. Façon de l'humilier : je ne regarde que moi. J'écoute mes doigts de pieds, j'écoute mes ampoules, j'écoute les pulsations de mon cœur, j'écoute mon aptitude à l'altitude. Je suis perpétuellement à l'écoute de moi-même.

Cela, c'est ce que je prétends, non sans un sacré culot. En réalité, c'est faux : le paysage me traverse alors que je lui rentre dedans. C'est une lutte au corps à corps. J'ai bien peur qu'un jour, l'un de nous deux se retrouve K.O.

A certains moments, quand la drogue ainsi sécrétée agit, on est comme séparé de soi-même. Dédoublé. « Je est l'autre », disait Rimbaud. Ici, le « je » marche derrière « l'autre », l'autre qui est devant comme une ombre portée, impossible à rattraper. Dans ces cas-là, et parce qu'on navigue dans un paradis artificiel, on n'est plus en mesure de juger de son état, de sa condition physique. On accède à un au-delà de l'effort, sourd aux sonneries d'alarme

Sur le G.R. 1, avec mon fils Emmanuel et ses copains de La Celle-Saint-Cloud.

du corps, insensible à la douleur. Régénéré, mais à la frontière du clapotage.

Le vrai danger, alors, n'est pas de dépasser ses limites, mais de ne plus savoir où elles sont. D'ignorer le cœur qui lâche, la cheville qui brûle, l'élongation du muscle et l'hypoglycémie qui guette.

Cette marche sous tension se court-circuite souvent d'elle-même. Lorsque l'effort électrisant est soutenu trop longtemps, les poussées d'adrénaline ne sont plus que des poussettes. On revient sur terre, on renoue avec le sol. Le piétinement succède à l'envol. Le jus n'y est plus. On lève les pieds, on baisse les bras. On continue autrement : après l'alternatif, le continu.

Alors, commence un long chemin de croix qui ne s'achèvera qu'au terme de l'étape. On paie le prix de la félicité. Cette carcasse qu'on croyait invincible se rappelle brusquement à soi. Cœur en déroute, pieds en sang, chevilles bloquées, rotules brisées. Le coup de pompe. La dérive. Le vrai combat commence là : aux confins de l'endurance. Il faut non seulement lutter contre le terrain, accidenté, éprouvant, mais encore contre l'appel d'une voix intérieure qui incite à chaque instant à l'abandon. C'est là que l'on distingue vrais et faux marcheurs, ceux qui en ont, comme disait Hemingway, de ceux qui n'en ont pas. Les premiers qui ont réussi à dépasser la douleur physique après des années et des années de maîtrise mentale, repiqueront au plaisir de l'empoignade. Vaincre la souffrance comme on vainc un sommet, de palier en palier. Atteindre une sorte de point de non-retour au-delà duquel les organes se taisent.

3. La randonnée

La randonnée, ce n'est ni la promenade, ni la défonce. C'est un juste milieu.

Elle s'étale sur plusieurs jours, plusieurs semaines, voire plusieurs mois. Aucune comparaison avec l'errance, puisque la randonnée, généralement, a été élaborée, géographiquement délimitée. On est sûr de partir, à peu près sûr de revenir. Pour que l'entreprise soit réussie, il suffit de suivre à la trace son plan de marche, de doser son effort.

Randonner, c'est une gentille manière de tourner en rond dans le monde, de passer avec sensiblerie parmi des peuplades affamées. De se prendre à la fois pour le capitaine Cook et le père de Foucauld.

Le randonneur type est un bon gars, une bonne fille. Il n'hésite pas à ouvrir sa trousse à pharmacie pour soigner les petits bobos, comme pour venir en aide aux paludéens et aux diphtériques. Il va jusqu'à offrir, de-ci, de-là, un tee-shirt, un caleçon, des chaussettes. Jamais sa chemise.

Le randonneur est sans mémoire. Il tient soigneusement son carnet de bord. Chaque soir, il note ses impressions, ses humeurs. La plupart du temps, des banalités. Quand il n'écrit pas, il mitraille. Le droit à la photo, pense-t-il, est inclus dans le prix du voyage. Il ne demande jamais la permission. S'offusque si l'on s'esquive.

Un groupe de randonneurs en terre étrangère, c'est moutons, Panurge et compagnie. Même clic-clac, même bip-bip. Un seul carnet de notes, un seul appareil photo recueilleraient toutes les impressions, intimes ou collectives.

Cela dit sans acrimonie. C'est la faute à ce vieil instinct grégaire qui nous pousse à bêler d'émotion à l'unisson. Pour briser le miroir des apparences, pour percevoir les choses, il est indispensable de se trouver nu en face d'elles.

La conscience aiguë que j'ai de cette évidence ne m'empêche pas de randonner en groupe. J'y puise d'autres satisfactions. J'y trouve mon compte, financièrement parlant, et même une certaine jubilation lorsque je réussis à m'extraire de la masse tout en respectant le jeu de la civilité. J'ai récemment effectué un voyage aux Célèbes avec le sentiment d'être seul au monde. Et pourtant j'ai noué là de belles amitiés, et tissé autant d'inimitiés. Simple question de distance, kilométrique autant qu'affective. Piquer des pointes et des accélérations, voilà la panacée aux aléas de la vie communautaire. Marcher à l'avant du groupe, dormir à l'écart : telle est LA recette.

Dans le car, nous faisons connaissance des quatre Sherpas et des treize porteurs. Il y a Dawha, le Sirdar, vingt-sept ans, belle gueule, tranquille assurance de montagnard. Et puis, directement sous ses ordres, le Sherpa cuisinier Nowhang, le Sherpa de tête Ramwadu, celui de queue Ishwar.

Côté porteurs, c'est la surprise, la consternation. Ce sont des gosses de douze à quinze ans. Pieds nus, vêtus de haillons, ils transporteront le gros du barda, le ravito et les tentes, soit 25 à 30 kilos chacun. Comme on me fait comprendre qu'il serait mal venu de s'apitoyer, j'essaie de penser à autre chose. N'empêche que, durant tout le voyage, j'ai été saisi par le mal du porteur et que j'en ai encore le cœur brouillé.

Népal

Cela n'exclut pas les rapports de force. Au cours de ce voyage indonésien, l'un des « clients », un Suisse de trente-deux ans, à la fois épaté et dérangé par ma présence, s'était juré de me faire mordre la poussière. Malheureusement pour lui, l'accompagnateur me rapporta ses propos. De deux choses l'une : ou bien je m'écrasais, ou bien je me hissais à la hauteur de la réputation qu'on me prêtait. J'ai trouvé plus amusant de me mesurer à ma légende. Le type m'a cherché dès le premier jour. Sec, nerveux, il a pris la tête, se retournant de temps à autre pour voir si je le suivais. Ayant décidé d'attaquer à l'improviste, je feignais l'indifférence, souriais quand il m'attendait, fanfaron, en haut de quelque raidillon. Le soir, il se vantait auprès des autres. Il avait enfin démystifié le marcheur Lanzmann. Pour lui, je n'étais qu'un tocard, mes récits du bidon, mes exploits du bluff.

Même scénario le lendemain, à ceci près qu'il ne maîtrisait plus la mise en scène. Le second rôle, soudain, se retrouvait au premier plan. Je le doublai dans une côte interminable. Passai la surmultipliée, le turbo. J'avais prévu ce qui allait suivre. Mon Suisse s'accrocha, puisant dans ses réserves. Suprême raffinement : ralentissant la cadence, je lui laissai croire qu'il pouvait encore me rattraper. A peine gagnait-il quelques mètres que je repartais de plus belle, et ainsi de suite, jusqu'à ce que sa mécanique soit usée, son moral anéanti.

L'épreuve dura huit heures. Magistrale leçon. Complètement dégoûté, il mit les pouces, ne me lança plus jamais aucun défi. Pour moi, il ne s'agissait pas d'une banale question de rivalité, d'un simple combat de machos, comme on le dit des coqs. En éliminant ce gêneur, je gagnais la liberté de prendre les devants, d'ouvrir le paysage. A moi les beautés neuves, les grands espaces, les grands émois ! Plus personne pour me gâcher l'émotion.

Attention ! Que l'on ne me prenne pas à la lettre. Les randonnées de groupe permettent aussi de sacrées rencontres. C'est comme à la guerre, comme dans les tranchées, sous les bombardements. Les tempéraments s'affirment. Les prises de conscience s'opèrent. Tel que l'on croyait lâche, petit, se révèle hardi, généreux. Tel autre que l'on croyait courageux, se révèle couard, avare. Tel enfin que l'on pensait équilibré, devient râleur, agressif. Rien ne vaut une randonnée de groupe pour étudier les comportements, déployer l'éventail des bizarreries humaines. Une mine pour le romancier.

Sexe et marche

CHEZ moi, sexe et marche ne font pas toujours bon ménage. Mes pas écrasent les fantasmes comme des champignons.

A l'inverse du promeneur qui subit l'influence magique et érotique des contes de fées, et s'attend à voir surgir des allées cavalières telle superbe amazone ou tel petit chaperon louche, le marcheur qui se défonce ne voit, ma sœur Anne, rien venir. N'espère trouver sur son chemin ni gnome obscène ni nymphe lascive. Il est déjà accouplé à la terre. D'un bout à l'autre du parcours, il lui fait l'amour, la caresse, la pénètre, l'ensemence, s'en repaît.

Lors des randonnées de groupe, on rencontre d'ailleurs peu de gens mariés. Plutôt des célibataires, venus là dans l'espoir de nouer des contacts rarement conclus pendant la marche. Les idylles fleuriront au terme du voyage, ou dans quelque gîte douillet.

A de rares exceptions près, la randonneuse n'a rien d'un mannequin de chez Dior. Elle n'est ni gracieuse ni sexy. Les séductions de magazine ne l'intéressent pas. Elle a chaussé ses baskets pour prendre son pied. Ce qui ne l'empêche pas de jeter parfois son hameçon en attendant de gauler l'âme sœur.

La solitude de la randonneuse de fond a quelque chose d'insupportable. Il faut savoir s'en préserver. Rien n'est plus dangereux qu'une de ces créatures de trente ans, divorcée, un enfant, universitaire ou préparatrice en pharmacie.

Grand-père, il avait beau se sentir vingt ans de moins et faire le jeune homme pour capter l'attention de Diana dans l'espoir de me la faucher, le résultat n'était quand même pas très brillant, si bien qu'on avait mis toute une longue journée pour aller de Pokhara à Suikhet, un trajet que l'on peut normalement couvrir en trois ou quatre heures.

LA BALEINE BLANCHE

Une chance pour les types de mon genre : le guide, comme tout moniteur, est investi d'un droit de cuissage — quand il n'est pas littéralement violé sous sa tente. De toute façon, le terrain est miné : l'accouplement des marcheurs pose problème. Il exige un minimum d'hygiène, de discrétion. Rester plusieurs jours sans rencontrer un seul point d'eau — sueur dégoulinant à flots, effluves ambigus — voilà qui n'invite guère au batifolage. Certains s'y risquent. D'autres attendent sagement la fin du parcours ou de plus riants auspices : rivières miroitantes, lodges tout confort ; dans le meilleur des cas : draps douteux, piaule non dératisée, douche polluée.

Se mettre en demeure. Se mettre à jour, se mettre au point. Rompre le pain à pleines mains, la routine à plein tube. Tordre le cou aux idées reçues comme on tord une serpillière et regarder couler de soi, avec horreur, cette eau grise, saumâtre, épaisse, que l'on a embarquée, au fil des années et des compromissions.

Ecoper enfin cette eau avant le dernier plongeon : notre seule chance de refaire surface.

A la Réunion avec Marie-Chocolat. Une fille de rêve...

A la Réunion avec Marie-Vanille. Tendresse : oui. Sexe : non.

Au cours de mes marches solitaires et lointaines, qu'elles soient nordiques ou asiatiques, sahariennes ou andines, il m'est arrivé d'échouer dans des villages perdus, des contrées ignorées, et d'être attiré par la beauté sauvage d'une fille, comme par sa timidité excessive : petite Toradja, orpheline de l'Altiplano, Bédouine du Sinaï, adorable Sherpani des neiges.

Quand je suis en face de ces filles, qui me paraissent à la fois consentantes et désarmées, je n'ose user de mon privilège de visiteur, bien que certains chefs de village ou parents intéressés m'y invitent. Phobie du gonocoque, du microbe, du champignon. Je préfère m'y frotter en songe qu'en chair. Il faut dire que j'ai payé le prix de ces éphémères et exotiques liaisons : dix-sept blennorragies attrapées entre dix-neuf et trente ans. Sans compter les innombrables crêtes de coq, les herpès, les orchites et autres véroleries.

Certes, il est beaucoup moins dangereux de frayer avec une Dayak sarbacanée qu'avec une droguée de Hambourg. Avec une Indienne cocaïfiée qu'avec une bachelière du XVIe arrondissement. Avec une Massaï au long cou qu'avec une nymphette suédoise. Il n'empêche que la tentation est forte. Je dois lutter contre les bouffées du désir. Alors, plutôt quitter le village. Adieu fille d'ébène et d'Eden ! Salut petite prêtresse envoûtante ! Me voici à nouveau forniquant la nature par chemins et par vaux, par oueds et par cimes.

Lorsque j'étreins ainsi la terre, que je la câline, que je m'y exalte à en défaillir, d'autres maladies me guettent, tout aussi perverses. D'abord l'eau, la source limpide, pourrie jusqu'au filet, le torrent impétueux, bactérisé jusqu'à la gueule — qui me transforme moi-même en homme liquide quand la courante me vide aux éclats.

Le piège de la terre, c'est son eau. Et pourtant, autour de ces fleuves et de ces sources, s'organise la vie. Millions de femmes de par le monde, jerricane au dos, jarre sur la tête, véhiculant la flotte au cours d'incessants voyages, aller et retour démentiels.

Formes d'irrigation inventives, insoupçonnées. Architectures baroques des canaux et des rizières. Monuments d'imagination élevés à la déesse des fertilités. C'est en marchant à travers ces réseaux arachnéens, où l'homme comme l'araignée a mis tout son talent à capter l'élément salutaire, que l'on prend conscience du simplisme, du côté borné de nos châteaux d'eau. C'est encore en foulant les sols asséchés, craquelés, boursouflés, du Sahel et du Nord-Est brésilien, où les populations ne disposent même pas du goutte-à-goutte de la perfusion, que l'on mesure l'ampleur du gaspillage, la dinguerie de nos robinets et de nos tuyaux d'arrosage.

Au fil des siècles, on s'est habitué au miracle. Au pouvoir magique de ce robinet qu'il suffit de tourner quand on a soif, de laisser couler quand on veut prendre un bain. Ce miracle-là, un nomade peul, un Sahraoui ne peut le concevoir. Quiconque s'aviserait de se lancer dans une explication rationnelle du phénomène se heurterait à un mur d'incompréhension. Un robinet, une baignoire dans chaque case, voilà qui ne viendrait jamais à l'esprit de ces hommes obligés de parcourir quotidiennement des dizaines de kilomètres pour venir s'agglutiner autour du même point d'eau à moitié tari.

S'accoupler à la terre, c'est en connaître la vérité. Le pire comme le meilleur. Le miroir aux alouettes d'une nature si luxuriante qu'elle n'engendre que pauvreté sous ses cathédrales d'humidité : humus surabondant, putréfaction, marécages. Mais aussi bien, à l'inverse, les richesses de contrées apparemment désolées mais qui recèlent d'exceptionnels gisements : minerais, pétrole, phosphate, etc.

Chevaucher la terre, c'est accéder au plaisir suprême. Un plaisir presque sexuel. La faire trembler sous ses pas. Mais c'est également se porter au-devant des innombrables chausse-trappes qu'elle nous tend. C'est essuyer des vents de sable, des tempêtes. C'est trembler sous l'orage. Jeter son piolet, ses ferrures devant la foudre qui menace. S'aplatir quand elle zèbre les nues. Faire le mort en espérant la duper.

Pour monter de Suikhet au col de Damphus il faut attaquer une colline d'une raideur extrême aux marches creusées dans la terre. C'est un peu comme si on grimpait quatre fois de suite la tour Eiffel, sauf que là il n'y a pas d'ascenseur ni de marchands de glace et qu'on avait été obligé d'encorder grand-père soudainement pris de faiblesse et de vertige. Toutes les quatre ou cinq marches, il s'arrêtait pour souffler, notant parfois une idée sur son calepin, même que Diana s'était demandé si ça n'était pas une manière de tricher, histoire de gagner quelques secondes de plus. Il y a des marcheurs qui n'osent plus avouer leur fatigue et qui mettent au point des tas de trucs destinés à tromper les autres membres du groupe. Soit qu'ils s'immobilisent tout à coup, s'extasiant sur le panorama, décrivant d'un geste du bras des choses vraiment insignifiantes. Soit qu'ils décident, alors que rien ne peut provoquer leur enthousiasme artistique, de faire une pause-photo. Soit qu'ils se déchaussent sous prétexte qu'un caillou s'est glissé à l'intérieur de leur godasse. Soit qu'ils désinfectent un suçon de sangsue. Soit qu'ils se découvrent une vocation de botaniste, collectionnant avec acharnement plantes et fleurs. Soit qu'ils distribuent des bonbons à des gosses qui les leur réclament, y allant de leur drôle d'incantation : « Mitaï mitaï. » Soit qu'ils doivent changer de tee-shirt ou régler la courroie rebelle de leur sac à dos. Soit qu'ils soient pris de coliques torturantes, ce qui les oblige à se retirer dans la végétation hostile.

Tout est bon pour le marcheur lorsqu'il s'agit de lambiner ou de tirer au flanc. Tout le monde a son truc mais grand-père, lui, quoi qu'en pensait Diana, il avait beau noter ses idées, appuyé contre un arbre, ou un mur à porteur, il ne simulait rien du tout car il était plutôt au bout du rouleau, guetté par son Indien sur le sentier de la guerre.

LA BALEINE BLANCHE

Sous l'orage, l'ascensionniste, collé à sa paroi, n'est plus alors qu'une sorte de morpion qui essaie de s'accrocher au pubis de la montagne. Je me souviendrai toujours de cette marche automnale du côté de Saint-Flour. Le vent était si violent que je ne pouvais même plus tenir debout. J'avais rampé jusqu'à une forêt proche pour me retrouver en pleine apocalypse. Les arbres, tels des mâts de misaine, s'abattaient les uns après les autres, dans un fracas d'océan déchaîné. Effrayant bowling. Démentiel jeu de quilles. Dieu lançait la boule, moi je la perdais. Je suis resté tout l'après-midi blotti sous le tronc d'un gros chêne déraciné, exposé à un déluge de branches cassées. Quand Dieu prend la hache et joue les bûcherons, ça fait du bruit.

On n'aime bien que quand on souffre. A trop se frotter à la terre, à la sillonner comme un forcené, à la faire jouir sans répit, à l'arroser de sa sueur et de son sperme, le risque est grand d'y laisser sa peau. D'entendre son cœur lâcher. A force de vouloir aller toujours plus haut, de déflorer les neiges éternelles, de dépuceler les sommets vierges, le marcheur, pour peu qu'il soit aussi fou que moi, frôle la thrombose, l'œdème, cet œillet noir des altitudes planté en plein cerveau ou dans les poumons.

Mais, laissons là l'énumération des catastrophes. Il nous faudrait aussi parler des cassures, des fourbures, des luxations, des crampes, des déshydratations, des fringales, des moral-à-zéro...

On me reproche souvent de ne pas marcher en France. C'est faux. Plusieurs fois l'an, je me propulse sur les G.R. C'est ainsi que j'ai découvert mon pays qui s'étend de la pointe du Cotentin (G.R. 223) à la barrière des Pyrénées

Ph. Collignon

Les Cent kilomètres de Millau, c'est aussi le folklore.

(G.R. 10). Le long, mais aussi le large. Le grand large même, lorsque l'on traverse la vraie France profonde de Saintes à Grasse, par le G.R. 4. Et que dire du fameux n° 5, qui n'est pas de Chanel, mais qui sent partout rudement bon la France, quand il la remonte de bas en haut, par le chemin des garrigues et des cimes. Un sentier très dur, terrible, où l'on bute à chaque pas contre le roc des Alpes. Où l'on se déchire aux aspérités des arêtes, où l'on se transperce la chair à la pointe des aiguilles.

Si l'on ajoute à cela que ma maison de La Celle-Saint-Cloud donne sur le G.R. 1, on devinera sans peine que les « hanches » du Bassin parisien n'ont plus guère de secrets pour moi.

Les G.R.

Marche totale et bonheur suprême

Il y a des joies primaires, presque banales. Renouer avec la vérité du monde. Se soumettre à son cycle, à ses exigences. Se laver dans un torrent glacé, dans une crique chaude. Excrémenter en pleine nature. S'accroupir comme le faisaient nos ancêtres, dans cette immense chiotte à la turque, sans murs et sans chasse. Voir enfin ce qui s'échappe de soi. Les W.-C. modernes escamotent hypocritement le déchet humain. Déféquer est devenu une honte. Il en est de l'excrétion comme de la mort : à force de se cacher les choses, on finit par les gommer complètement, on en perd le véritable sens. Il y a un demi-siècle, on naissait et on mourait à la maison, en famille. Chacun s'y habituait, s'en accommodait. Surtout les enfants, qui étaient perpétuellement mêlés au spectacle de la vie. Aujourd'hui, on naît et meurt à l'hôpital. La chambre blanche et impersonnelle a remplacé le foyer familial. Pour un oui, pour un non, on vous transporte à la clinique. Et si, d'aventure, le oui est plus fort que le non, vous n'avez plus aucune chance de revenir chez vous. Vous disparaissez alors comme un étron dans la cuvette. En tapinois. Sans odeur. Sans incommoder personne. Atroce !

Joie d'un autre type : percer le mystère de la nuit obscure, recouvrer une acuité de vision perdue depuis la lampe tempête, l'ampoule électrique. S'orienter à l'étoile en faisant la part de l'ombre et

Les Cent kilomètres de Bernay en 17 heures. A ma droite, les alpinistes Xavier Fargeas et Robert Mishrai.

du mensonge de la nuit. Ne plus confondre buisson réel et ennemi imaginaire. Pierre dressée et monstre du dedans. Contempler jusqu'à l'épuisement, la béatitude, un formidable brasier où crépitent à foison fagots et bûches. A l'inverse, savourer les flammèches d'un maigre feu de désert, alimenté d'un rien : le même épineux, le même acacia, dont les

Ph. Michel Baret/Rush

branches et les brindilles servent depuis la nuit des temps aux voyageurs comme aux Bédouins. Prodige du désert, prolongement biblique. De cet arbuste rabougri, pillé, rogné, on tirera toujours exactement ce qu'il faut de bois pour préparer le thé.

Dormir à la belle étoile. S'engouffrer dans son sac de couchage. S'allonger sous la voûte céleste, l'œil perdu dans les myriades. Sentiment d'être là, infiniment petit devant l'infiniment grand. Et pourtant plus présent que jamais.

Sentir la caresse du vent qui effleure le visage, parfois jusqu'au dérangement, quand la rosée, l'idiote, me prend pour une fleur. Se réveiller cheveux trempés. Attendre l'apparition du soleil, papillon rougeoyant qui viendra butiner ces gouttes d'aube.

Mettre un toit entre le ciel et moi. Sous la pluie. Dans la neige. Rétrécir l'espace. Découper la dimension planétaire à ma mesure. Que ma tente soit un cocon, un écrin pour ce bijoutier du clair de lune que je suis devenu. Ciseler mes rêves cotonneux et les sertir de lourds flocons.

La tente est un ventre. Heureux le fœtus lorsqu'elle est isotherme et qu'il suffit d'une bougie pour la réchauffer ! Malheureux quand il y gèle à fendre l'âme.

Doux plaisir d'avancer, trempé jusqu'à la moelle, par quarante degrés et plus au-dessus de zéro. D'être soi-même une fournaise. De déboucher soudain au faîte d'une côte, d'un col, et de sentir sur soi l'imperceptible souffle de l'air. De s'en régaler, bouche ouverte, pores dilatés. Satisfaction de pacotille ? Sans doute. Mais ô combien appréciée du marcheur.

Goûter aux odeurs échappées de la terre. Parfumeuse de génie, elle n'en finit pas de brasser d'inédites alchimies. Se méfier pourtant des effluves pestilentiels qui sourdent des sentiers népalais, se propagent de village en vallée. Une explication à cela : en Himalaya, on ignore l'engrais chimique, auquel on préfère la fiente humaine. Même chose en Chine, où le villageois, l'habitant des communes populaires, est tenu de faire ses besoins dans une fosse commune dont le contenu sera épandu dans les champs de choux.

La boue, cette glaise, faisait boule de neige, sculpture, emplâtre, elle alourdissait ma jambe, la soudait au chemin. J'étais dans la mélasse, le pétrin. Le paysage traversé était pourtant des plus extraordinaires : de chaque côté de ce sentier qui ressemblait à un ruisseau, la forêt tropicale, d'un vert grillé sous un ciel de plomb, s'étirait à perte de vue. Le long des marais, des huttes de palmes abritaient les fameux Indiens de la tribu des Chamulas. Hommes et femmes ne portaient qu'un petit slip de fibres de coco, mais bien que se prélassant dans le creux des hamacs, ce peuple avait trop faim pour se sentir heureux. Parfois je m'arrêtais en face de leur hutte pour les regarder vivre. On s'observait terriblement comme des chiens de races différentes. On n'osait pas lever la patte ensemble contre le même tronc de palmier, mais l'idée germait, j'en suis certain, dans les têtes : « Ce que j'aimerais être Chamulas, pensais-je, et rester à rien foutre dans le creux d'un hamac avec les perroquets et les oiseaux de toutes sortes. » « Ce que j'aimerais être un gringo, pensait le Chamulas, et m'installer dans ses pompes. » Moi, je n'osais pas lui dire : « Tiens, vieux, prends mon passeport, mes bottes et ma mauvaise conscience, glisse-toi donc dans la peau d'un gringo. » Lui, il n'osait pas me dire : « Tiens, étranger, passe-moi ton sac à dos, tes fringues et ta jolie conscience de Blanc, je te laisse ma hutte, mes femmes et mes enfants, les oiseaux, les grenouilles et la terreur que nous subissons depuis des siècles. »

Mexique, 1958

Se lever fourbu, rouillé, arthrosique, découragé par la longueur de l'étape du jour. Et bonheur de s'apercevoir, après les premiers pas, que la fatigue n'était qu'une fausse lassitude. Que l'on renaît de ses limbes, de ses cendres. Que la braise se ravive. Que le sang court, fluide, dans les veines. Que les articulations se répondent, se réchauffent. Que les muscles se détendent. Que le moral prend un coup de jeunesse.

Étonnantes vertus de la marche, oubliées par les médecins, les gourous, les chargés aux Affaires sociales. Elles surpassent toutes les thérapeutiques du monde. Qu'attend donc, pour se mettre en route, le chômeur au moral sapé par la perte de son boulot ? Nouveaux horizons, nouvelles perspectives. Adieu patron, usine, bureau. Chasser la pollution de sa tête. Plonger dans le bain purificateur. Même chose pour le veuf, l'orphelin, le cancéreux. Mieux vaut se mettre en mouvement qu'à genoux, en pleine nature qu'en fauteuil. Rassembler ses forces en un grand élan plutôt que de les laisser tomber en miettes. Vive le Népal, le Pérou, le Haut-Atlas, les basses-terres, les grands espaces exotiques où l'on crapahute en solo. Mais vive aussi les Paris-Mantes, les Thiers-Roanne, les Millau, où l'on se défonce par milliers le long des routes bitumées.

Lorsqu'un marcheur fonce de tout son poids après lui-même, ce n'est pas pour lui-même, ce n'est pas pour se rattraper mais pour se dépasser. Sentiment illusoire, peut-être, mais à force de se talonner ainsi, il arrive qu'on éprouve la sensation de se dédoubler ; c'est sans doute cela que l'on appelle l'état de grâce.

JE VAIS MAL

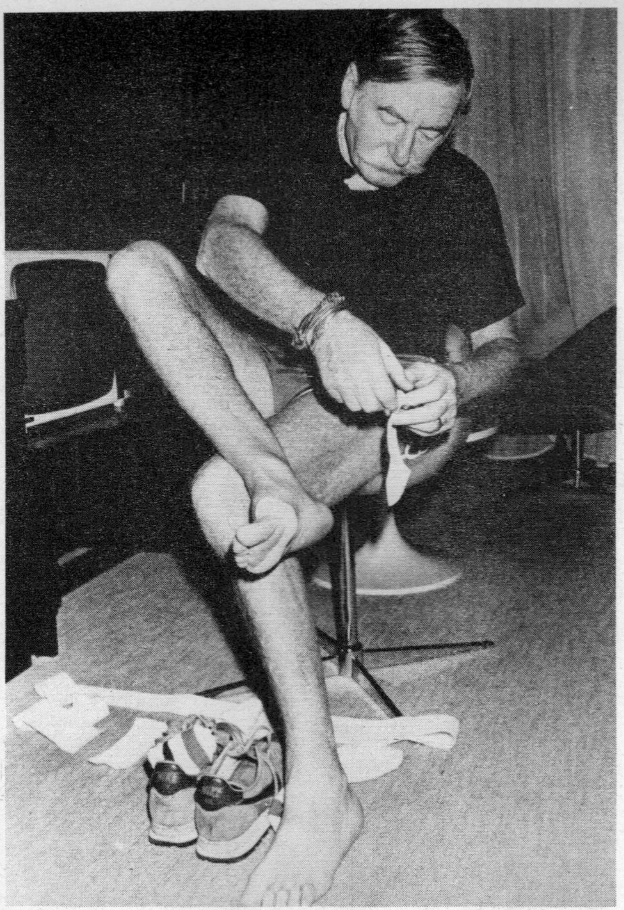

Ph. Collignon

Intense préparation psychologique... et pose d'une peau de rechange.

Moïse ne savourait pas vraiment la liberté. C'était comme si chacun de ses pas le ramenait en esclavage. Il s'était cru aguerri contre la douleur et l'amertume. Tu parles : en faisant l'apprentissage du désert, il s'apercevait que la marche n'est pas à la portée du premier venu. Faut-il rappeler que Moïse n'a encore que trente ans et pas mal de chance, ne serait-ce que d'avoir eu comme berceau une corbeille d'osier qui ne fut pas un panier percé. Mais, pour l'heure, et jusqu'à la preuve de Dieu, rien ne permettait de distinguer cet homme jeune d'un autre homme jeune.

Bardé d'outres et chargé d'un sac de farine, chaque jour hélas un peu moins lourd, il avançait, pliant sous le fardeau, regrettant de s'être enfui sans avoir songé à s'entraîner à la dure et à l'errance.

Mal équipé, mal chaussé, mal préparé, Moïse souffrait le martyre. Et personne pour l'aider, le conseiller, l'accompagner. Il était seul, irrémédiablement seul, avec des ampoules si mal placées qu'il n'arrivait même pas à les percer pour en recueillir l'eau. Mais il n'y avait pas que les ampoules, les gerçures et les ongles bleuis d'ecchymoses. Pas que les malléoles fracturées par de méchants cailloux qui n'avaient point amassé mousse en roulant. Pas que des tendinites enflammées ou des ménisques bloqués. Pas que la gale, les mycoses, les poux, les puces et les serpents. Pas que l'entrejambe irritée, les paupières brûlées, le moral à zéro. Pas que la faim, la soif et la solitude. Non, il y avait aussi tout le reste : c'est-à-dire tout ce qui manquait à son bonheur, à commencer par sa maman Jochebed, sa sœurette Myriam, son papa Amram et tous ses frères et sœurs de la tribu des Levy, restés là-bas, au bord du delta, entassés dans de pauvres paillotes de roseaux coupés, ancêtres des fameuses huttes si chères au Club Méditerranée, si douces aux G.M.

Moïse était donc le futur G.O. de l'humanité, mais, bien entendu, personne n'en savait encore rien. Pas très fort en calcul, pas très doué en orientation, il avançait à l'aveuglette sans compter les jours et les efforts. Depuis quand était-il parti ? Où allait-il s'arrêter ? Tournait-il en rond ? Revenait-il à la case départ ? Ah certes, il aurait bien voulu repiquer sur le delta, ne serait-ce que pour embrasser sa maman et se consoler dans son giron : « Allô, maman, Momo, bobo. »

Max, de son côté, se croyant habité du divin esprit, se tapa une lampée d'eau tiède, réinstalla avec peine son jerricane, esquissa un bras d'honneur à l'intention de ses deux compagnons qui pointaient à l'horizon, et repartit pour un autre kilomètre. Il était à la fois le cheval et le jockey. Il se filait des coups de cravache au moral, s'efforçant de répondre à la sollicitation. Pour minables que fussent ses soubresauts, son allure, comparée à celle de ses poursuivants, semblait presque gracieuse. Certes, il se serait cassé en sautant n'importe quel open beach, *à condition que celui-ci soit doté des handicaps, n'empêche qu'il lui prit encore cinq cents mètres avant de s'affaler, les bras en croix, à deux encolures du poteau.*

LE SEPTIÈME CIEL

Autre vertu de la marche — et non des moindres — inconnue des diététiciens, des obèses, des enrobés : dix heures de randonnée à un rythme soutenu égalent un kilo en moins. Dix jours : sept à huit kilos. Envolés, poignées d'amour et tabliers de boucher ! Au diable, charlatans du régime alimentaire, empêcheurs de bouffer en rond, chantres des menus dissociés, tristes sires de l'avant et de l'après ! Untel pesait cent vingt kilos, regardez-le : il n'en pèse plus que soixante ! Photos truquées, publicité mensongère. Candidats à l'amaigrissement, venez à moi. Je vous emmène gratuitement essaimer vos kilos sur quelques G.R. bien de chez nous.

Malheureux, qu'écris-je ! En marche, je suis un type insupportable. Aussi exigeant envers moi qu'envers les autres. Chaque fois que je suis parti avec des amis, je suis revenu avec des ennemis. Marcher dix jours avec quelqu'un, c'est vivre dix ans avec lui. Ses défauts, mais aussi ses qualités, défilent en accéléré. Je ne pardonne ni la fatigue, ni le découragement, ni la boiterie. Je ne supporte pas d'être retardé. De m'arrêter. D'attendre. Tant pis pour eux, tant pis pour moi. Qui m'aime me suive ! Mais, par pitié, chassez les défaillances, remisez les jérémiades.

En 1983, quand j'ai traversé le Néguev et le Sinaï, deux copains m'accompagnaient. Je les ai prévenus : « Quoi qu'il arrive, même si vous êtes à l'article de la mort, même si vous passez l'arme à gauche, je ne m'arrêterai que le temps nécessaire aux premiers secours. Pas question de creuser votre tombe. C'est ma marche, pas la vôtre. »

Je le pensais vraiment. C'était dur, ignoble. Ils l'ont mal pris et cela n'a pas facilité nos rapports. Bien sûr, il s'agissait d'une marche-démarche, d'une marche biblique. On ne part pas tous les jours sur les traces de Moïse. C'était mon idée, pas la leur. Moi qui ne suis pas croyant, j'étais habité d'une foi rageuse. Me répétais à moi-même : « Je ne crois pas mais j'y vais, j'y vais donc je crois. »

Huit cents kilomètres de désert hostile, de soif inextinguible, de lutte au corps à corps contre la douleur, de dépassement de soi. Récompense suprême : après un mois d'errance et de cavalcades, j'accédais enfin au mont Moïse. Ruisselant d'émerveillement. Épaté par moi-même. Zarathoustra au petit pied, je me suis pris pour un surhomme. Il faut dire que j'étais tout proche de Dieu. Sur Sa montagne. Prêt à casser la croûte, à passer l'éponge sur les tables de la Loi. Pardon oblige : j'ai partagé ma dernière pâte d'amande en trois. A cet instant, bien qu'ils ne me l'aient pas dit, je sus que mes compagnons m'étaient reconnaissants. Sans cette dureté, cette folle obstination, ils n'auraient pu connaître une telle ivresse.

Le poing levé ! Geste aussi con que sublime.
Mais comment pourrait-on exprimer autrement sa joie après avoir franchi la barre des 6 000 mètres ?

Du Kilimandjaro à l'Annapurna il y a loin
mais le dépassement est le même.
(Au centre Maurice Giquel, grand maître ès montagnes.)

Partis à 5 heures du matin pour profiter d'une relative fraîcheur, nous faisons halte vers 11 heures aux abords d'Ibi. Tandis que mon copain, accablé par la chaleur, s'étend au pied d'un fromager (quel horrible nom pour un si bel arbre !), je grimpe d'un pas alerte jusqu'au village en me faufilant entre cases de terre séchée et greniers aux toits coniques. Un silence de mort. Une atmosphère de torpeur. Personne, si ce n'est de temps à autre un

gosse qui pointe la tête pour disparaître aussitôt, effrayé. Je dois vraiment avoir une sale touche.

Parvenu jusqu'en haut du village par un dédale de ruelles étroites et tortueusement conçues, je me trouvai brusquement face à un homme de haute stature et de grande prestance, qui surveillait certainement mon avancée depuis la plaine. Il tenait à la main le bâton des justes. Le bâton passa de sa main à la mienne. L'homme

m'accompagna jusqu'au bas du village. Il y eut encore d'autres têtes d'enfants apeurés, des bruits de portes que l'on claquait, quelques murmures et froissements d'étoffes. Puis plus rien. L'homme lui-même avait disparu au détour d'une courette.

A ce moment précis, je sus que le bâton des justes était, en réalité, le bâton des maléfices. Je ressentis une violente douleur à l'estomac. Ma vue se brouilla et je dus m'appuyer à un mur pour ne pas tomber. Un peu plus tard je parvins enfin auprès de mon compagnon et m'affalai, à l'ombre brûlante, pour y déguster, du bout des lèvres, une salade maïs-sardines, à l'huile d'origine imprécise.

Encore trois heures à tirer sa flemme sous les fromagers en discutant de Malraux, Drieu La Rochelle et Albert Cohen. Je crois que le pays dogon n'avait jamais entendu conversation plus élevée, mais je n'en oubliais pas mon bâton pour autant. Sa proximité me dérangeait l'esprit et l'intestin. Mine de rien, je le poussai du pied, l'éloignai le plus possible en évitant que l'on s'aperçoive du stratagème. C'était, il faut dire, un superbe sceptre sculpté avec soin, chargé de magie et qui forçait l'admiration de tous.

Longeant la falaise imposante, on se remit en route vers 16 heures. Il faisait encore épouvantablement chaud. Quelques degrés de plus qu'en plein Néguev. Le ciel était bas, lourd, presque gris. On traversa une forêt de baobabs, derrière lesquels, à tour de rôle, chacun allait s'isoler. Le bâton me pesait des tonnes. Les jambes également. J'aurais voulu le jeter, l'abandonner. Je n'osais pas. Plus j'avançais, plus je me sentais à l'agonie.

Tout à coup, quelque chose claqua dans ma tête. J'étais comme les gars de France-Inter. J'avais quelque chose entre les oreilles. Et ce quelque chose n'était autre que ma propre voix qui y résonnait et s'y baladait d'un tympan à l'autre. Sourd de l'oreille gauche. Complètement sourd, mais pas encore muet. Quelques instants plus tard, ce fut la crampe au ventre suivie d'un vertige tourbillonnant et d'une chute dans les pommes. L'œil révulsé, je m'écroulai pris d'une envie folle d'appeler ma mère à la rescousse.

Pas possible de mourir aussi bêtement. Moi, un caïd, un marcheur fou. Pas possible de faire ça ici. Merde, mon gars ! Ressaisis-toi, lève-toi et marche.

J'attrapai le bâton des justes et le jetai au loin. Une manière de me désenvoûter en me dépossédant. La défaillance n'avait duré que quelques secondes, n'empêche que je n'ai jamais autant peiné que ce jour-là lorsqu'il me fallu suivre les autres jusqu'à Irelli, où nous avions prévu de dresser le camp. Et, comme si cela ne suffisait pas à mon malheur, comme si la leçon n'avait pas été assez entendue, à peine arrivé au terme de l'étape, à peine allongé sur ma natte, tout juste enfoui dans le « sac à viande » qui ressemble tant à un linceul, je fus pris d'une crampe généralisée. Des orteils en éventail aux doigts de la main qui restaient collés. Des mollets en boules de nerfs aux omoplates bloquées. Des biceps quasi prêts à éclater à la mâchoire complètement raidie.

Crise de tétanie en pays dogon. Elle a duré toute la nuit, et plus encore. Ça ne m'était jamais arrivé. De mé-

moire de Dogon, on n'avait jamais vu pareil cas de possession dans le secteur. Manque de bol, manque de calcium, de potassium, de sodium, de magnésium.

Une exemplaire histoire de déshydratation et de dégradation physique. Il me faut tout de même avouer que les Dogons me trouvaient très, très vieux. Ils me donnaient dans les quarante-cinq ans...

Pays dogon

Je me suis souvent reproché de casser l'amitié au nom d'un but à atteindre. Au Pérou, mon jeune beau-frère, que j'adorais, souffrait du mal de l'altitude. Jusqu'à 3 800 m, il résistait ; au-delà, il était pris de nausées, de maux de tête. Au lieu de l'aider, de l'encourager, je l'accablais de reproches et d'injures. Je craignais devoir renoncer à ma traversée de l'Altiplano où l'écrivain et le marcheur étaient également impliqués. Je recherchais un village suffisamment coupé du monde, de la civilisation, susceptible de nourrir mon dernier projet de roman. Cette aventure à l'énergie se doublait d'une quête toute messianique car je m'étais lancé derrière l'Inkary, le messie des Andins, dont les Quechuas et les Incas attendent le retour depuis l'invasion des Conquistadors.

Cette hargne à atteindre le but, quoi qu'il advienne, ne m'habite pas seulement en pays lointain, exotique. Dernièrement, j'ai participé à la compétition des Cent kilomètres de Millau. Cent kilomètres non-stop, à parcourir en moins de vingt-deux heures. N'ayant pas l'expérience d'un tel trajet, je m'étais fixé vingt heures. Un ami m'accompagnait, aussi inexpérimenté que moi sur la distance. Le voyant faiblir à mi-parcours, je n'osai pas le lui suggérer mais j'espérai, au fond de moi-même, qu'il abandonnerait. Transmission de pensée, emprise de la volonté ? Je ne sais. Il tint encore une dizaine de kilomètres, puis m'annonça, avec beaucoup d'humilité et d'égards, qu'il ne se sentait plus capable de continuer. J'étais peiné pour lui, mais en même temps soulagé. J'allais pouvoir soutenir ma cadence et boucler les cent kilomètres en dix-sept heures cinquante-quatre minutes. Ce n'est pas un exploit. Il n'empêche qu'au petit matin, satisfait de ma résistance, j'ai levé le poing sur la ligne d'arrivée. Ce geste, qui ponctue la victoire dans tous les stades, sur tous les sommets, m'avait toujours paru ridicule. Jusqu'au jour où, atteignant les neiges éternelles du Kilimandjaro, je me suis retrouvé moi-même K.O., éberlué, le poing en l'air. J'ai enfin compris la vérité du geste.

A vingt-huit ans, le monde semblait déjà à ma portée.

Mes premiers pas

La marche est un don, une création. C'est comme écrire, comme peindre, comme sculpter. On commence parfois dès l'enfance, petit Mozart des sentiers. On s'aperçoit que l'on court plus vite, que l'on marche plus fort que ses copains. Puis viennent l'école, les contraintes, les choses de l'existence qui enterrent généralement les dons. D'autant que la marche, c'est gratuit et ça ne rapporte rien. En réalité, tout le monde se trompe : marcher est un luxe et je suis bien placé pour le savoir.

Marcher prend du temps. Beaucoup de temps. Il faut être chômeur ou richard pour se permettre, plusieurs fois par an, des randonnées d'un mois. Contrairement au marathonien, ou au semi-marathonien, qui s'entraîne une heure par jour, le marcheur, lui, consacrera à sa passion quatre fois plus de temps.

J'ai dû attendre l'âge de cinquante ans, trois femmes, quatre enfants, une quinzaine de livres, pour connaître la liberté de partir où et quand bon me semble, que ce soit sur les G.R. de France ou les chemins de Katmandou.

Jusqu'alors, je n'avais entrepris que des marches anarchiques, sporadiques. Elles n'étaient ni préparées ni planifiées. Comme M. Jourdain et sa prose, je marchais sans le savoir. Je dois à la guerre de m'avoir révélé cette aptitude. J'avais seize ans. J'étais dans le maquis d'Auvergne. Il fallait sans cesse se déplacer, changer de montagne, de forêt.

Après le harcèlement et l'attaque, la consigne était de décrocher. Cavalcades effrénées de planque en planque. Chargé comme un mulet d'armes et de munitions, je m'étonnais de ma propre endurance. Là où les autres peinaient, en bavaient, j'avançais en me jouant des obstacles : côtes, ravins, précipices. Peut-être la peur d'être pris par les Allemands me donnait-elle des ailes ? Ce courage apparent tenait — qui sait — de la poltronnerie. Je me surprends encore aujourd'hui à penser, lorsque je suis à la limite de la rupture, au bord de l'exploit, que les nazis me talonnent.

Des années plus tard, le monde en paix, les armes déposées, je ne fuyais plus la guerre, mais courais derrière une Américaine. Cela peut paraître puéril mais je n'avais aucune notion de la géographie. Elle était de passage à Paris. Elle faisait ses études en Californie. Je lui promis de la rejoindre. J'aurais soulevé des montagnes, bu des océans, pour ne pas la perdre. Hélas, j'étais fauché. Sans ressources aucunes. Incapable même de payer un billet de bateau.

J'ai dû travailler deux ans aux Halles — une galère — économiser sou à sou avant de m'embarquer à fond de cale. Destination Buenos Aires. Pour moi, l'Argentine, la Californie, c'était tout un : le même continent, la même Amérique. En 1950, les Français ne voyageaient pas encore : ni tour-operator, ni Club Méditerranée, ni charters. Seuls candidats à l'émigration : des collabos en cavale, des rescapés des camps de la mort, des exilés de tout poil. Et quelques amoureux fous dans mon genre.

Durant la traversée, je m'étais dit qu'une quinzaine de jours suffirait pour aller de Buenos Aires à Los Angeles. Pauvre de moi. C'était gommer de la carte la Pampa argentine, le Chaco brésilien, le Venezuela, tous ces noms en « a », le Costa Rica, le

Dans les maquis avec mon frère Claude.
C'est là où j'ai vraiment commencé à marcher.

Nicaragua, Panama, Guatemala. Sans oublier le Mexique.

Désillusion à Buenos Aires. Une vaste métropole occidentale sans Indiens, sans gauchos. Il me faut quitter ces parages au plus vite. Prendre la route et rejoindre ma bien-aimée. Je n'ai que quatre dollars en poche, de quoi acheter quelques galettes et une carte du continent. Parole : j'ai cru en crever. Un

1952 : A Iquiqué au nord du Chili. La cloche, la dérive...

cauchemar de kilomètres, des milliers et des milliers, sans cesse compter et recompter. Pourtant, à cette échelle, sur le papier, je ne butais sur aucun obstacle, n'entrevoyais même pas — je savais si peu lire une carte — les cordillères et les forêts amazoniennes...

Trop timide pour faire du stop, trop fauché pour prendre le train, je me lançai à pied, direction plein nord. Cette fois, j'étais servi. La Pampa n'en finissait pas. Je croisais de vrais gauchos, avec de vrais lassos, de vrais troupeaux. Bientôt, n'ayant plus rien à manger, j'allai de ranch en ranch, proposer mes services, travaillant de-ci, de-là. Sitôt gagné de quoi subsister, je repartais. Et ainsi de suite.

Je remontai le fleuve Panama et atteignis, épuisé, Asunción du Paraguay, la capitale sud-américaine du nazisme. Des nazis, il y en avait tant et tant qu'on me prenait moi-même pour un milicien. Long grenouillage. Des mois de sale boulot : mécanicien, contrebandier, comparse de casino. La cloche, la taule, les putains. Ah ! comme il était loin mon bel amour, mon jeune enthousiasme ! Et cet ahurissant paradoxe : moi, Juif, aidé, protégé par

---

On passera la nuit dans une petite hutte. Rien à voir avec les longues maisons si chères aux Dayaks. La hutte n'est qu'un poste avancé. Un abri de chasse. Un bunker de branchis et de pisé. Un vieillard s'y tient. Il est de Rukum-Damai, à deux jours de marche. Il a déjà vu des Blancs mais nos longs nez le fascinent. Il va taper tam-tam. Prévenir de notre arrivée. Tout étranger mérite une fête. A-t-on des cadeaux : des fusils pour les jeunes guerriers ? des colliers pour leur favorite ? Non. Nous ne possédons rien de claquant ou de clinquant. Nous n'avons que des dollars. Le vieux n'en a jamais entendu parler. La vision du billet vert le laisse indifférent. Des heures à lui faire comprendre qu'avec cent dollars le chef du village pourrait recouvrir la *Long House* d'un toit de tôle ou changer l'hélice de son moteur. La tôle, c'est le fin du fin. Le truc hyperbranché. Quant aux pagaies, il y a longtemps qu'elles sont remisées sous la maison. On ne s'en sert qu'en cas de panne, de pénurie d'essence.

Parler de l'infini ou de l'horizon à propos du Sahara n'a guère de sens. Nous sommes ici au cœur de la terre, dans ce qu'elle a de plus friable et de plus fabuleusement désolé.

les nazis. Solidarité européenne. Ils étaient tous là, Bormann, Mengele, Eichmann. Eux ne chantaient pas le *Deutschland über alles* autour d'un feu de camp comme leurs troupes. Ils étaient planqués, avec leurs femmes et leurs chiens, dans des villas du quartier résidentiel, véritables bunkers d'où ils ne sortaient jamais.

J'avais un copain du même âge que moi, un Belge, un ancien de la légion Degrelle. Il regrettait. Il avait été entraîné par son père, s'était enfui clandestinement de Belgique. Bien qu'ayant combattu à leurs côtés, il n'aimait pas les Allemands. Je ne dis pas non plus qu'il leur préférait les Juifs. Simplement, on s'entendait bien. La guerre, les atrocités nazies, c'était du passé. (J'ai beaucoup changé depuis.)

Et nous voici tous deux accusés d'escroquerie pour une histoire de gros pesos. Une bande de S.S. flouée par nos manigances veut nous faire la peau. Pas d'autre solution que de foutre le camp dare-dare. Commence alors une cavale démente à travers le Chaco paraguayen, terre de désolation et de mort où survivent pourtant quelques poignées d'Indiens guaranis. A l'autre bout du Chaco, derrière les fameuses chutes de l'Iguaçu, la frontière brésilienne, le Mato Grosso.

Après tant et tant de piètres et sordides aventures, ma passion amoureuse s'était laminée d'elle-même. Il n'empêche, en allant vers le Brésil, je m'obstinais à remonter le continent et le cours des choses. Quelques jours avant mon départ précipité, une lettre de Cynthia, répondant à la mienne, me laissait entendre qu'un nouveau boy-friend m'avait évincé. Cette lettre fut sans doute déterminante : découragé, je butais contre l'hallucinant Mato Grosso où la population est à ce point abandonnée de Dieu qu'elle semble jetée dans une décharge de caillasses et de mangrove. Mon rêve fou s'étant

Le jour croupissait dans la boue. La pluie tombait toujours. C'était un coup à attraper une fluxion de poitrine. C'était un temps à attraper un mauvais coup. Combien de kilomètres n'avais-je pas déjà faits ? Trente ou dix mille ? L'Occidental, le gringo, le citadin, qui n'a jamais compris la nuit et qui a peur de sa grande poche noire, émiettait déjà son âme afin d'éviter qu'on la lui vole.

transformé en cauchemar, je renonçai, clochardisant autour d'un casino de brousse où se pressaient encore quelques nazis en mal de martingales. Là, un réfugié chilien me chanta le couplet des Eldorados. Pays de rêve où ruisselle de la roche, l'or et le cuivre. A l'en croire, n'importe quelle compagnie minière m'engagerait sur l'heure.

Ce fut le début d'un nouvel exode. 1 500 kilomètres de délire.

Et puis, un jour, fini la marche, adieu l'amour. Je m'enfermai huit mois dans une mine de cuivre, au cœur de la Cordillère. Univers détonant où la dynamite répond à la foudre. J'y économisai juste assez d'argent pour rentrer en France.

Cette odyssée sud-américaine m'avait dégoûté de la marche. Éreinté, terrassé par ce marathon sentimental, je suis resté dix-sept ans enfermé chez moi, pratiquement sans me mouvoir.

Heureusement que Moïse adorait la montagne. Il s'y promenait souvent, solitaire, armé d'un piolet et équipé d'un sac à dos. Sans prétendre que le mont Sinaï était à la plaine des juifs ce que le mont Blanc est à Chamonix, on peut cependant risquer la comparaison. Affirmer sans vexer les Herzog, les Hillary et les Messmer que Moïse fut sans doute, et si l'on se réfère à la Bible, le premier des alpinistes connus. Oh, certes ! Du seul point de vue de la technique il n'arrivait pas à la cheville des petits gars qui escaladent le Vernon et autres parois vertigineuses. Il n'utilisait ni piton ni coinceur. Dédaignait l'encordement. Il n'en accomplissait pas moins des exploits : tenter en hiver la face nord enneigée du mont Sinaï valait son pesant d'audace et de surpassement. Est-il besoin de préciser que Moïse, lors de ces intrépides sorties laissait les miracles au vestiaire ? Quand il chutait il se ramassait lui-même sans appeler l'hélicoptère céleste ou les gendarmes de Josué.

LE SEPTIÈME CIEL

A la recherche du temps perdu

A quarante-deux ans sonnés, j'avoisinais les quatre-vingt-dix kilos. Je ne pesais pas si lourd en tant que romancier, mais on pouvait compter sur moi en tant que song-writer. A cette époque — Mai 68 était passé par là — j'abandonnai mes fonctions de rédacteur en chef du magazine « Lui » et m'enfermai à la campagne pour écrire *Mémoire d'un amnésique.*

Après huit heures quotidiennes de tension extrême, où les souvenirs de l'amnésique ne se bousculaient pas au portillon, je frisais l'apoplexie. Trop de graisses, trop de stress. Un jour, n'y tenant plus, je me propulsai sur une vicinale, courant à perdre haleine, très vite, trop vite, pour me retrouver complètement K.O., asphyxié. Les villageois n'en revenaient pas. Croyaient que j'étais poursuivi par un essaim de guêpes. Des voleurs. Des fantômes.

J'ai recommencé le lendemain. Moins follement. Presque calmement. Cinq cents mètres d'une traite. Un record.

Une semaine plus tard, j'effectuais mon kilomètre sans pause. Les poteaux télégraphiques me servaient de repères. Tant et si bien qu'à la fin du même mois, je me surpris à passer sans problème le cap des cinq kilomètres. Pas de jour sans que je coure. Ça énervait le paysage et les populations ahuries. D'étonnement, on stoppait les tracteurs. Les vaches décampaient. Les mères alarmées priaient les enfants de rentrer immédiatement à la

maison. Imperturbable, soufflant comme un phoque, laissant un peu de ma graisse au pied de chaque poteau dépassé, de chaque clôture franchie, j'améliorais ma performance.

J'ignorais alors que j'étais une sorte de précurseur. Le jogging, on n'en parlait pas encore. Aussi, lorsque la mode, venue de Chine et des États-Unis, déferla sur la vieille Europe, me glissai-je dans son sillage avec un réel soulagement. C'est d'ailleurs la première fois de ma vie, et sans doute la dernière, que j'ai adopté l'un des ukases de la mode. J'avais toujours été fidèle à cet axiome : la seule manière d'être dans le coup, c'est de rester en dehors de tous les coups.

Bientôt, d'autres énergumènes allaient se lancer, à leur tour, sur le bitume et l'asphalte, à travers champs et sentiers. Ô bonheur ! Je n'étais plus seul exposé aux regards, à la vindicte paysanne. Ne passais plus pour un obsédé sexuel poursuivant quelque farouche petite fille ou quelque douce agnelle. Les mères pouvaient respirer, les tracteurs se remettre à marcher, les vaches à brouter.

Ce qui étonne le plus lorsqu'on pénètre en pays toradja, ce sont les maisons en forme de vaisseaux fantômes, avec leurs toits qui fendent les flots du ciel, et les greniers, en vis-à-vis, où s'entassent la récolte de riz et le café. Goélettes légères, échouées au cœur des montagnes, les maisons toradjas prouvent, s'il en était besoin, que les ancêtres viennent de loin et qu'ils ont beaucoup navigué sur les océans avant d'être refoulés vers l'intérieur des terres.

Toradjas

En l'espace d'un an, je perdis dix kilos. J'étais capable d'avaler vingt, trente kilomètres, tout en conversant comme si de rien n'était avec un compagnon de jogging.

Courir, ah, oui ! Quelle économie de temps. Deux heures suffisaient à l'éclatement, à l'extase. Le livre y trouvait son compte, l'amnésique sa mémoire. Les mots coulaient sur le papier, fluides, comme le sang dans les veines.

Peu à peu, l'idée de compétition s'imposa : pourquoi ne pas disputer le semi-marathon de Paris ? Grotesque ? Baroque ! Me voici donc sur la ligne de départ, un beau dimanche d'été. Entouré de ma femme et de mes enfants. L'air d'une vraie cloche. J'ai épinglé mon dossard à l'envers. Je suis en survêtement, tandis que les autres portent petite culotte et maillot classique. Ils se massent à l'onguent, à l'embrocation. Se collent des bouts de sparadrap à la pointe du sein pour éviter le frottement du tee-shirt.

Je suis mal vêtu, mal chaussé, mais bien dans ma peau. Quand soudain, un haut-parleur annonce que tous les grands champions européens sont présents. Honte et consternation, mon nom est claironné : « ... et parmi tous ces champions, vous suivrez tout particulièrement la performance de Jacques Lanzmann, dossard n° 54 ! »

Milliers de regards tournés vers cette espèce de vieux schnock accoutré comme l'as de pique. Le pavé dans la mare ! Ce n'était qu'une erreur, mais elle fut de poids. Quelques secondes plus tard, le haut-parleur rectifiait, et me replaçait à ma juste et stricte valeur : parmi les « personnalités » bien parisiennes.

Ouf ! J'avais eu chaud, mais ce n'était rien en regard de ce qui m'attendait : un véritable calvaire dans la montée du Père-Lachaise.

Victoire au bout du compte ! Entre les youyous,

les bravos et les « Vas-y Pépé », je franchis la ligne d'arrivée. Traînant dans le peloton de queue, couvert de sueur mais pas de ridicule. Bien décidé à ne pas en rester là, je m'imaginais déjà au marathon de New York, de Pékin.

Las ! Une mauvaise fracture des malléoles devait briser mon rêve.

Tout est sujet d'étonnement, d'interprétations partagées.

Les Toradjas sont beaucoup plus curieux de nous que nous le sommes d'eux. Ils restent des heures, ombres fixes, agglutinées, à nous interroger des yeux. Ni mots ni gestes. Rien qu'une concentration active, qu'une contemplation amicale et désintéressée. Mais qui sont donc ces drôles de gens en short et en baskets ? En sacs à dos et de couchage ? D'où viennent-ils ? Où vont-ils ? Quel esprit bénéfique les a attirés jusqu'ici ? Quel dieu généreux les a envoyés par ces chemins impraticables où nul ne vient jamais, si ce n'est une fois l'an, les collecteurs d'impôts ou une patrouille de militaires, à la recherche d'hypothétiques guérilleros ?

Ils regardent. Ils essaient de comprendre, de s'y faire. A quoi sert cette crème à bronzer ? Cette pommade anti-inflammatoire ? Cette aspirine, ce cachet d'hydroclorazone, cet appareil qui fait « clic-clac » ? Ces lacets qu'on noue et qu'on dénoue ? Nos lampes frontales, nos sangles, nos sacoches, nos camping-gaz ? Et pourquoi marchons-nous comme ceci, chaque jour, à travers les rizières, les vallées, les montagnes ?

Immobilisé par un plâtre, je me lamentais, reprenant du poids et de l'angoisse, quand Nicole et Jean-Claude Lattès, pris de pitié et redoutant la balade en duo, m'invitèrent à les accompagner le long du G.R. 13 — et pas mal de diverticules — pour une surprenante marche aux étoiles. Il s'agissait de randonner, sac au dos, de grand restaurant en grand restaurant : Marc Meneau à Saint-Père-sous-Vézelay, Loiseau à Saulieu, Troisgros à Roanne, Chapel à Mionnay.

La marche ? Voilà qui m'était complètement sorti de l'esprit. A défaut de courir, peut-être pourrais-je au moins marcher... Disons-le franchement : c'est aux Lattès que je dois d'avoir découvert ma passion. Et pourtant, les valeureux intrépides n'en connaissaient pas même les rudiments de base.

On croyait, par exemple, indispensable d'être chaussés de gros brodequins. Quelle hérésie ! Équipés de chaussures de montagne flambant neuves — et qui pesaient des tonnes — la marche aux trois étoiles se transforma assez vite en valse aux ampoules. On en avait partout. Du bout de l'orteil au talon. Poches d'eau et de sang qui n'illuminaient que notre déconfiture. Les étapes gastronomiques tournèrent à la pause secours : autant d'infirmeries que d'auberges, de pédicures que de maîtres d'hôtel.

Plutôt que de jeter au diable ces souliers maudits, et de naviguer en tennis, nous nous entêtions, convaincus que les plaies allaient se refermer, les chairs s'endurcir. Eh bien non ! Je ne sais comment faisaient les Croisés, s'ils avançaient les pieds entourés de bandelettes ou sur les ailes de la foi, mais je sais en revanche qu'au bout d'une semaine, nous n'avancions plus du tout. Au point que nous dûmes demander asile à Bernard Pivot en sa maison des Vignobles.

Oui, il fallait savoir pas mal de choses et en apprendre encore.

Savoir et comprendre que nos porteurs ne nous étaient pas plus nécessaires que nous leur étions utiles. Que le barda qu'ils traînaient ne servait plus. Qu'ils préféraient se baigner en aval des villages plutôt qu'en amont, qu'ils chiquaient notre coca sans vergogne, que chaque matin ils nous en laissaient un peu plus à trimbaler, que, mine de rien, Michel et moi étions devenus les porteurs des porteurs et même plus que cela, on était devenus un peu des frères, un peu des pères, de très grands amis.

Vaille que vaille, au fil des jours, on ne pouvait plus se passer les uns des autres. Entre nous, un contrat, une espèce de pari bizarre. Ils étaient nourris, blanchis, logés, respectés, tendressés, payés pour nous accompagner jusqu'à Huacarama. Et pour rien au monde, vous pensez, ils n'auraient abandonné avant de voir vers quoi on allait et quel genre d'humains on risquait vraiment de rencontrer par là-haut.

Pérou

Requinqués par une bouffe monumentale et quelques bains de pieds au gros sel et au permanganate, nous eûmes l'impudence de provoquer le maître de céans. L'arrondi des monts du Beaujolais fut notre Waterloo. Pivot, qui sédentarisait pourtant sur la page imprimée, s'élança comme un cabri. On ne le rattrapa qu'en haut, et encore, parce qu'il nous y attendait. Modeste, il argua de sa fraîcheur : nous venions de loin, nous étions fatigués, éprouvés. Comble des combles, je me perdis en redescendant et j'y serais peut-être encore s'il n'avait rebroussé chemin.

La joie des enfants indonésiens s'attrape comme une épidémie...

Pour piteuse qu'elle fût, cette marche aux trois étoiles décida de mon engouement futur. D'autant qu'une nouvelle cassure, beaucoup plus grave cette fois, devait, pour toujours, m'interdire de courir. Impossible de retomber sur cette maudite cheville sans grimacer de douleur. Cartilage dévoré. Les radios sont formelles : l'astragale frotte contre le tibia. La cheville criblée de vis, je n'eus de cesse que de relever le défi du handicap. C'est parce que je ne pouvais plus vraiment marcher que je me mis à marcher vraiment.

Ce fut une révélation. Je découvris un univers insoupçonné. Monde secret où s'enchevêtrent, se prolongent et se complètent des centaines de sentiers (G.R.) avec leurs gîtes d'étape, leurs refuges, leurs habitués, leurs aficionados. Multitude d'associations de randonneurs en tous genres, de tous milieux, de tout poil. Sorties organisées. Petits groupes et régiments entiers. Poids-plume et gros-culs. Respectueux du code écolo et chauffards des sous-bois. Tous obéissent à une seule et même bible : le topo-guide et la carte I.G.N.

Le topo-guide, comme son nom l'indique, vous offre le topo de la randonnée. Il vous guide le long du G.R., à travers les inextricables embûches qui ont fleuri avec la civilisation des clôtures, des autoroutes, du béton.

La carte I.G.N., elle, vous permet de sortir des sentiers battus et de tracer votre propre randonnée.

Comme tout Parisien, j'ai commencé à « explorer » le plus encombré des G.R. : le n° 1 qui encercle l'Ile-de-France, et dans lequel viennent se jeter de nombreux affluents : les G.R. 2, 11, 12, 13, 14, 22, 32, 111, 124, 125. L'un vous entraîne vers les Ardennes, d'autres vers l'Alsace, la Normandie, l'Auvergne, les plus hautes montagnes. Ils se ramifient aux deux plus grands : le G.R.4, qui traverse la France dans sa largeur, le G.R.5, qui la remonte dans sa longueur — le plus difficile parce qu'il sillonne vallées et crêtes alpines. Quant au G.R.20, arête dorsale de la Corse, c'est incontestablement le plus dangereux. Chaque année, des randonneurs pris sous l'orage ou la tempête y trouvent la mort. Même au mois d'août.

Ces chemins, je les ai tant pratiqués que j'y ai usé mes pieds et les pierres. J'ai ressenti là des émotions intenses. Me suis nourri à la chlorophylle des forêts, au chaume des champs d'automne, aux

Gibson, guide tanzanien, au sommet du Kilimandjaro.

Thierry chez les Toradjas : un guide exceptionnel.

Il y a des voyages exceptionnels qui vous marquent à jamais. Des virées qui laissent en vous comme des cicatrices de bonheur sans cesse ouvertes et refermées. Des impressions diffuses mais plus fortes que le souvenir lui-même. La vraie mémoire n'est-elle pas celle des sensations éprouvées ?

Il y a des peuples dont le mode de vie vous inflige des corrections morales. Sortes de fessées administrées aux idées reçues et qui brûlent longtemps la peau et l'âme. En refusant d'admettre la mort comme une fatalité, les Toradjas des Célèbes, en Indonésie, sont de ceux-là.

Je bourlingue à travers le monde depuis des décennies. Je croyais avoir tout su, tout lu, tout vu, tout compris. Mais, en arrivant au pays toradja, je me suis aperçu que je n'étais jamais allé nulle part.

Avec André, autre guide d'exception.
D'ailleurs les jeunes filles dayaks ne s'y trompent pas.

Ils traversèrent toute la ville de Bastia en sautant comme des folles sur un pied, puis sur l'autre, laissant muets de réflexion les quelques passants qu'ils croisaient. Il faut dire que, outre ce pas outrancier, leurs vêtements kaki étaient fripés, maculés et leurs visages très peu civilisés. Malgré eux, ils étaient entrés dans le système des vagabonds, ils en avaient l'allure et l'uniforme, et chaque jour qui passait marquerait un peu plus les habits et les visages. Puis arriverait le moment où le corps lui-même se plierait comme pour éviter les jets de pierres et les insultes. A force de jouer à cache-cache avec les routes, à force de dormir dans les fossés, de manger dans des papiers gras, de boire à la bouteille et de s'isoler dans les fourrés, le vagabond colle au paysage comme une sangsue. Quand les autres l'aperçoivent, ils le prennent pour une limace et mettent le pied dessus pour l'écraser.

Ils n'en étaient pas encore là, mais ça n'allait pas tarder, et c'est pourquoi ils voulaient se terrer au plus vite sur quelque plage déserte. Là, loin des hommes, ils organiseraient eux-mêmes leur propre déportation.

A la sortie de Bastia, ils cessèrent de sauter, prirent la route de Borgo qui descendait, la boussole le disait, tout droit vers le sud. Ils firent douze kilomètres et, comme le jour se levait, ils roulèrent dans un fossé et s'endormirent.

A Borgo, ils achetèrent une carte de Corse et choisirent d'explorer la région du golfe de Santa-Manza, entre la pointe de Rondinara et celle du Capicciolo, pas très loin des îles de Cavallo et de Lavezzi, un peu au nord-est de Bonifacio, mais tout de même à l'extrême pointe de la Corse. Eux qui allaient si facilement au bout des choses, ils se seraient crus déshonorés de ne pas aller tout de suite au bout du pays.

Ils firent le plein de fromage de chèvre et de pain, passant d'un magasin et d'un pied à l'autre. On les croyait atteints de quelque mal étrange, aussi les servait-on rapidement pour s'en débarrasser. Ils avaient des herbes dans les cheveux, de la terre sur les joues, de l'inquiétude dans les yeux. Mais les Corses, habitués aux créatures du maquis, aux traqués, aux mal rasés, ne s'en moquaient pas. Avec les touristes — car, pour leur plus grand désespoir, il y avait des touristes le long des routes — c'était différent. On les appelait les Saint-Guy à cause de la danse, les

Guevara à cause de l'allure, les beatniks à cause de la crasse, les hippies à cause de la danse, les romanos à cause de la roulotte fantôme qu'ils traînaient derrière eux ; mais on les appelait aussi les fous, les pauvres types, les clochards, les paumés, les minables, les ratés, les misérables, les Jésus à cause de la croix qu'ils portaient.

Ils laissaient dire, bien plus même, ils souriaient. Ils saluaient, ils remerciaient, c'était leur manière de dire : « Allez-y, ne vous gênez pas, tapez-nous dessus, mais un jour vous apprendrez qui nous sommes et vous le regretterez. »

fruits verts des vergers. Me suis abreuvé au fil des torrents, aux fontaines médiévales des villages. Serpents de poussière et de boue, paysages où se mêlent, comme si l'une ne pouvait se passer de l'autre — sœurs ennemies et comme amoureuses — la joie et la souffrance, l'exaltation et la déprime.

Combien de milliers de kilomètres ai-je ainsi parcourus, avant de comprendre que l'ampoule, la cloque, ne sont pas fatalité ? Qu'il faut seulement trouver chaussure à son rythme ? Nanti d'une grosse paire de Trappeurs — ou autre marque du même type — et à condition de ne pas dépasser les quatre kilomètres à l'heure, on ne s'abîme pas. Au-delà de cette vitesse, votre godasse, comme le ticket de Romain Gary, n'est plus valable. Peu de randonneurs ont eux-mêmes réalisé cette évidence. J'en veux pour preuve les réactions en chaîne qui ont suivi une radioscopie de Jacques Chancel, au cours de laquelle j'expliquai que j'avais enfin découvert une chaussure miracle dont on m'interdisait de donner la marque à l'antenne. Il s'agissait, en réalité, d'une paire de Nike montée sur coussins d'air, dont j'avais imperméabilisé la toile et qui, surmontées de guêtres, me permettait de passer rivières à gué, névés et bourbiers. Des quatre coins de la France, j'ai reçu des milliers de lettres, des appels pressants m'enjoignant de livrer les clefs du paradis. Il m'a fallu répondre, m'expliquer, justifier mes propos. Chancel lui-même, débordé par le courrier, ne savait plus où donner de la tête.

Beaucoup d'étonnement en retour. « Voyons, monsieur, comment est-il possible de marcher sans avoir la cheville tenue ? » Eh bien, c'est simple : il suffit d'une bonne chevillère en élastis. On peut même en mettre deux l'une sur l'autre. Prévoir, à cet effet, une pointure, voire une pointure et demie en plus.

Tout cela peut paraître austère, trop technique, prétentieux même. Mais en vérité, je vous le dis, pour parodier — après Gary — le Christ, le salut est dans les pompes, et même dans les grandes pompes !

Il faut se méfier, cependant, des chaussures ultramodernes, ultra-légères, proposées par les fabricants de marques classiques, qui essaient de se mettre au goût du jour — le bon goût d'ailleurs. Lors d'une marche indonésienne, je me suis laissé prendre au piège de la technologie de pointe. Un fabricant m'avait offert de tester sa dernière petite merveille : une godasse archisouple, antidérapante, antitranspiration, destinée à la randonnée comme à la grimpette. Un truc soi-disant inusable, résistant à tous les terrains et toutes les intempéries. Malheureux ! Après avoir vadrouillé quelques jours dans les rizières et les chemins inondés, les semelles « intégrées », moulées façon « coque de navire », gortex et compagnie, se sont littéralement « désintégrées ». Si je n'avais emmené, par précaution, ma vieille paire de baskets, ma marche aurait été salement sabotée. J'ai haï les attachées de presse qui m'avaient vanté les mérites de cette saloperie — et pensé à tous les petits gars, escaladeurs de l'impossible, qui ont sans doute risqué leur vie à cause de cette défaillance stupide.

Ph. Collignon

La ligne de départ
des Cent kilomètres de Millau.
Ça aussi c'est l'aventure...

L'amour, et surtout là-bas sur les hauts plateaux brumeux des Célèbes, je le réserve à la terre. Même quand il pleut sans discontinuer. Un véritable déluge où se mêlent l'eau du ciel et des rivières, la sueur et la boue. Une gadoue dans laquelle on enfonce jusqu'aux genoux. Trempé jusqu'à l'os, pas moyen de sécher. Il faut donc continuer, ne jamais s'arrêter. S'évaporer soi-même, partir en buée, en fumée. Surtout ne pas maudire cette eau. Essayer de faire avec, parce que, autour d'elle, la vie s'organise.

Paysage du Yunnan :
la paix, l'éternité.

Heures blafardes du petit matin gris. La belle Mme Song, la maîtresse des lieux, impératrice ressuscitée par la baguette magique d'un Cardin, file des rêves dorés. Ils sont superbement racés, les boys chinois de chez *Maxim's*. Une touche argentine. Un maintien 1930. Il y a du tango dans l'air, un je-ne-sais-quoi d'étrange, de louche. Le décor évoque la fumerie d'opium, la débauche, la vie facile. Le *Maxim's* de Pékin ressemble à un saloon extrême-oriental où les boys auraient pris la place des

strip-teaseuses. Sanglés, élancés, gominés, ils tourbillonnent auprès d'une clientèle d'hommes d'affaires et de femmes du monde. Autant d'aventuriers modernes lancés opportunément sur les traces de Marco Polo. Certes, on ne vient plus en Chine pour y chercher épices, soieries, objets d'art. On vient y vendre notre technologie de pointe, décrocher les marchés du siècle. Vingt Airbus par ci, deux cents locos par là. Quelques aéroports clefs en main. Ou bien, encore, cinquante mille Peugeot.

Quand les Bai du Yunnan regardent un « Long Nez ».

L'ici et l'ailleurs

Je me suis longtemps contenté de randonner en moyenne montagne, ou en haute altitude, l'été. Des burons du Cantal aux ballons d'Alsace, de la pointe de la Hague aux contreforts des Pyrénées, des clos normands aux coteaux de Bourgogne, du Puy Mary d'Auvergne aux Saintes-Maries-de-la-Mer, j'ai violé nos terroirs, eu maille à partir avec les habitants et leurs chiens. Mais aussi noué nombre d'amitiés précieuses.

J'ai pu ainsi constater cette évidence : le sens de l'hospitalité, en France, s'est perdu depuis belle lurette. Rares sont les fermes où l'on peut s'arrêter sans susciter la méfiance. Encore plus rares, les petites auberges dont les patrons ne voient pas arriver du mauvais œil un de ces bourlingueurs sac au dos, suant et puant, à coup sûr fauché. Et que dire des villageoises chafouines qui ferment leurs volets sur notre passage, nous assimilant sans doute à quelque bohémien chapardeur ? Il faudrait une dizaine de Jacques Seguela, publiciste de génie, pour remodeler l'image de marque du marcheur, au cœur de cette France « forte et tranquille », comme le vantait l'affiche présidentielle.

Et pourtant, quelle hérésie ! Le randonneur n'est pas le parent pauvre du touriste. N'en déplaise aux rédacteurs des topo-guides qui — paradoxe — s'évertuent à ne mentionner que les cafés-buvettes-épiceries plantés en bordure de G.R. Il y a des marcheurs, beaucoup plus nombreux qu'on ne le croit, prêts à dépenser autant qu'un V.R.P. en déplacement, voire davantage.

Après ces nombreux tours de France, il était logique que je me dirige un jour vers d'autres latitudes. Et d'abord vers le Népal. J'avais entendu parler de l'accueil sans pareil des Népalais : ni réticences, ni volets fermés, ni chiens méchants, ni panneaux d'interdiction, ni barbelés. Au royaume de l'Himalaya, le marcheur est un prince, une divinité, un petit Vichnou. Sorti de Katmandou, il détient la suprématie sur tous les autres touristes : les dix ou vingt francs qu'il dépense quotidiennement sont perçus comme une manne céleste. Oh, bien sûr, on ne va pas au Népal pour jouer les abbé Pierre. A la limite, les Gurungs, Tamangs, Magars ou Sherpas, peuples fiers et intègres, partageraient sans rien demander en retour leur tsampa et leur galette. A leurs yeux, l'Occidental, pour « riche » qu'il soit, est un alter-ego. Comme eux, il emprunte les inévitables sentiers, uniques moyens de communiquer d'un village à un autre. Il dort sous le même ciel, en face des mêmes montagnes. Il obéit aux mêmes lois, à ceci près que le paysan népalais ne sera jamais tenté d'aller voir à quoi ressemble un sommet : il cultive la terre, pas la gloire. Que de dégâts dans son psychisme s'il apprenait soudain que ces visiteurs paient, et même très cher, pour se déplacer au prix de tant d'efforts.

S'il est vrai que l'on peut marcher au hasard du Népal, ce n'est pas *par hasard* que l'on y marche. Ce qui différencie ce pays du nôtre, plus que ses abîmes et ses hauteurs, c'est l'incessant va-et-vient des autochtones d'un bout à l'autre du territoire. Chez nous, les G.R. s'ingénient à isoler le marcheur des grands centres vitaux. Chez eux, à l'inverse, le sentier en escalier mène droit aux forces vives de la nation, qu'il traverse de part en part pour venir mourir à l'extrême bord du plus haut des alpages. Au-delà de cet alpage, il faut inventer son itinéraire : on se retrouve livré à soi-même, sans autre

De Bornéo, je rêvais depuis l'enfance. Pas une chanson de marins, en effet, qui n'évoquait cette île lointaine. Kessel, Mac Orlan et Carco. Mais aussi Dutronc dans « L'Aventurier » : « J'ai été tapette à Papeete et puis borné à Bornéo. »

Marcher à Bornéo ? Cela tenait du pari perdu d'avance. Impossible d'obtenir le moindre renseignement concernant la partie indonésienne de l'île (la troisième du monde pour ce qui est de la superficie). Les rares randonneurs préfèrent, éventuellement, tenter l'aventure au Sarawak rattaché à la Malaisie, plutôt que de crapahuter en plein inconnu parmi les Dayaks coupeurs de têtes et les Javanais transplantés. Il y a beau temps, d'ailleurs, que les Dayaks ne coupent rien d'autre que des morceaux de chien bouillis dans leur bol de riz, bien qu'ils aient fléché douze mille Japonais à la sarbacane durant la dernière guerre.

Je commençais à paniquer. A redouter le désœuvrement d'un été pourri quand mes copains de « Terres d'Aventure », auxquels j'avais demandé de m'organiser ce voyage à la carte, m'ont appelé. Bonne nouvelle. Ils avaient déniché un guide phénoménal susceptible d'ouvrir notre chemin à la machette. Restait plus qu'à localiser André qui bourlinguait quelque part vers Bali ou Sumatra. En attendant, les copains de « Terres d'Aventure » me suggéraient un entraînement de routine en pays toradja : quatorze jours de trek superbe aux Célèbes, une région où les morts se décomposent parmi les vivants, continuant ainsi — et sans gêner personne — une vie de famille déjà bien remplie.

Ayant perdu sept kilos de graisse dans les rizières inondées des Célèbes, j'abordai donc l'enfer vert de Bornéo au mieux de ma forme et tombai enfin sur André, au *Blue Sky*, un hôtel de Balikpapan occupé par des pétroliers français, casqués et bottés par quarante degrés en dessous des brumes. Des tonnes et des tonnes d'humidité. André, c'est le type cool, ouvert, curieux. Le gars avec lequel on peut aller voler des chevaux sans problème. Il a une façon très personnelle d'aborder les populations. Il procède par attouchements. Dispense des caresses. La tendresse quoi ! Et, le plus étonnant, c'est que tout le monde s'en réjouit : les gentils Javanais un peu paumés comme les farouches Punans ou les inquiétants Dayaks.

Main dans la main, tête sur l'épaule, sourire au clair, ainsi remonterons-nous la rivière Mahakam jusqu'à Rukum-Damai : quatre jours de vieux rafiots et de pirogues à travers un univers amazonien. Mêmes climat et peuple. Mêmes faune et flore. Mêmes coups de cœur et de fièvre. Même obsession : m'atteler à un ouvrage d'ethnologie comparée. Prendre un Dayak de Longbangun, le parachuter chez les Yanomanis du Brésil. Étudier ses réactions. Et vice versa. Donner à un Yanomani, voire à un Quechua de l'Altiplano, la possibilité de revenir aux sources et d'y découvrir les grands frères asiatiques. Trois ans de travail. Beaucoup de surprises à la clef chez les uns et les autres. Pour l'heure, un seul désir. Quitter Balikpapan au plus vite. Ville artificielle où les raffineries pompent l'air et le pognon.

Bornéo et Célèbes

secours que ses propres ressources. Lors de ces envols d'altitude, une fois dépassé le dernier village, il est donc nécessaire d'emmener de quoi subsister durant des semaines, voire des mois, et par conséquent d'engager un nombre impressionnant de porteurs, ce qui donne aux expéditions himalayennes une allure d'exode.

Mon premier trek au Népal — un jeu d'enfant pour les initiés — fut une révélation, en dépit de l'altitude très moyenne (un maximum de 3 000 mètres du côté de Ghorapani). Trek ultra-classique : Pokhara-Tatopani, aller et retour, avec quelques variantes. Trois semaines de randonnée au milieu des rhododendrons géants et des rizières en espalier. Altitude médiocre, mais dénivellations démentes. Chaque jour, on montait et on descendait l'équivalent d'une demi-douzaine de tours Eiffel.

A Ghandrung, notre groupe se scinda en deux. Les plus performants, les cracks, prirent la direction du Machapuchare et du sanctuaire de l'Anapurna. Les autres, les bleus, dont j'étais, se contentaient de suivre les méandres escarpés de la Charkhola, une de ces rivières qui s'écoulent du Maardi-Himal.

Étape suivante : Tatopani, un bled enfoui au cœur d'une vallée étouffante, célèbre pour ses sources chaudes. Là, s'ébattaient une centaine de hippies, venus d'on ne sait où. Par quel miracle avaient-ils eu assez de force pour se traîner jusqu'ici ? Ça fumait sec le hasch. Ça ruminait durement le champignon hallucinogène. Un jour de repos, la détente. Mais la petite fumette n'empêcha pas la gamberge. Je l'avais mauvaise. Songeant à eux, les héros, qui montaient vers l'Anapurna, je me sentais mis au rancart de l'aventure et me jurai de revenir bientôt en découdre.

Quatre mois plus tard, j'étais de retour. Cette fois dans la bonne direction. Entre les deux voyages, je

La tendresse de ce guide indonésien
ne prête pas à confusion.

m'étais cru nimbé, l'imbécile, d'une aura de supériorité. Je croisais, méprisant, les « pauvres » randonneurs de G.R. Tout juste si je ne les apostrophais pas, m'écriant : « Regardez-moi, j'ai fait l'Himalaya ! » A l'égard du patron des marcheurs, et à supposer qu'il y eût au ciel une embauche sélective, mon curriculum vitae s'était enrichi d'un prestigieux diplôme : j'étais marcheur en Himalaya, comme d'autres sont majors à l'E.N.A. ou officiers à Saint-Cyr.

Pauvre de moi. Quelle fatuité ! Elle est malheureusement pratique courante. Nombre de randonneurs se plaisent à raconter tel ou tel exploit en pays lointain, telle virée absolument inédite, telle odyssée des neiges ou des sables. Il y a un élitisme de l'expéditionnaire. Il y a celui qui sait et celui qui ne sait pas. Celui qui y va et celui qui en vient. Je m'en suis rendu compte lors de mon deuxième voyage au Népal. Alors que je traversais enfin cette fameuse forêt de bambous, au sortir de Hinko, d'où l'on aperçoit le Machapuchare sacré et, derrière lui, les Annapurna, nous croisâmes plusieurs groupes qui descendaient. Ils étaient drapés d'orgueil et de morgue. Ne répondaient pas à nos saluts. L'accession au sanctuaire semblait les avoir investis de la puissance suprême. Juste retour des choses : n'avais-je pas fait de même peu de temps auparavant ?

Curieusement, en revenant de ce mythique sanctuaire et de son pendant obligé : le camp de base de l'Everest, je renonçai à toute agressivité. Mais, à partir de là, et comme si le Népal avait été un catalyseur de forces magiques, je me mis à courir le monde. Deux à trois voyages par an. De continent en continent, de Sahara en forêts vierges, de Kilimandjaro en Altiplano, de la Grande Muraille au Mur des Lamentations. Et ce n'est pas fini. Je pars dans quelque temps relier Lhassa à Katmandou...

Xavier Fargeas, signant au siège
de la C.M.A. notre autorisation
de marche au Tibet.

Peu avant le sanctuaire de l'Annapurna,
la fameuse forêt de bambous :
fantasmes et sangsues...

Hervé Derain de « Terres d'aventure » sera du voyage.

Ph. Collignon

Eux et moi

Qu'est-ce qui me fait courir ainsi d'un bout à l'autre de la terre ? Sinon — j'en ai maintenant la certitude — le désir de me découvrir à travers les autres. Mais comme c'est étrange : les autres se ressemblent tous. Le Dogon du Mali est le frère du Toradja des Célèbes. Un même sang coule dans les veines du Dayak de Bornéo et du Yanomani brésilien. Le Quechua de Cuzco renvoie, dans son miroir, l'image du Tibétain de Lhassa.

Si l'on excepte les grands courants religieux — hindouisme, bouddhisme, animisme — et leurs rites spécifiques, on s'aperçoit que le mode de vie, les objets usuels, les vêtements, les attitudes, les superstitions, l'alimentation, l'armement, la parure, ne diffèrent pas radicalement. Tous procèdent des mêmes impulsions, des mêmes ressorts, sont soumis aux esprits, conditionnés par le climat. Des banquises du Groenland aux confins du désert de Gobi, ce sont encore des hommes. Pardon aux ethnologues, aux anthropologues, à tous les spécialistes de la couleur locale, qui, pour la plupart, sont ancrés leur vie durant sur une parcelle de terrain comme une sangsue dans la chair — sans rien faire d'autre que farfouiller dans l'ethnie étudiée : rien ne ressemble plus à un Bédouin qu'un autre Bédouin — qu'il soit d'Arabie Saoudite, du Sinaï ou du Sud tunisien — à un Indien qu'un autre Indien — qu'il soit du Paraguay ou du Venezuela.

Certes, j'ai raison et j'ai tort. Je marche en survolant les choses. Mais dites-moi un peu, ethnologues de tous les pays : qu'est-ce qui différencie vraiment un homme d'affaires new-yorkais d'un homme d'affaires parisien ? Un milliardaire grec d'un milliardaire italien ? Un ouvrier finlandais d'un ouvrier allemand ? Un paysan du Danube d'un paysan d'Auvergne ? Est-ce que tous ne courent pas après le même but : bâtir des multinationales, gagner sa croûte, planter ses choux ? La couleur de l'attaché-case, de la limousine, la cadence imposée, la marque du tracteur, ne changent rien à l'affaire. C'est entendu : là encore, j'ai tort et j'ai raison. Je le sais, rien n'est plus éloigné d'un Napolitain qu'un Breton, d'un Andalou qu'un Suédois, d'un Marseillais qu'un Tyrolien, d'un Texan qu'un Québécois. Il n'empêche qu'ils roulent tous en voiture, fréquentent tous des stades, couchent tous dans un lit, habitent tous des immeubles, utilisent tous des cartes de crédit.

En définitive, ce qui différencie les peuples, c'est la manière dont on les approche, l'angle de vision, l'émotion de la rencontre. Lorsque, justement, on ne se reconnaît pas tout à fait en eux. Et c'est sans doute pour cette raison ambiguë que les randonneurs occidentaux s'abattent comme une nuée d'oiseaux curieux sur les régions peu ou prou développées. Ils réalisent alors inconsciemment leur retour aux sources. Retrouvent le goût du lait et du sang avec les Masaïs de Tanzanie, la frugalité en compagnie de ceux qui ne disposent que du strict minimum. Réapprennent à dormir à la belle étoile avec les Touaregs. A cuire le pain chez les Berbères. A chasser avec les Indiens d'Amazonie. A murmurer autour des lamaseries. A se flairer, se toucher, s'étonner, respirer.

Je suis comme tout le monde. Je n'échappe pas à l'attrait du pittoresque qui auréole les civilisations jadis éclatantes et que l'on croit aujourd'hui — à tort — en veilleuse. J'aime rencontrer des gens qui

Le gradé qui commandait le groupe s'appelait Fantomas. Les paysans trouvaient que cela ne faisait pas très sérieux mais moi, ce nom-là, me faisait rêver. Très vite, le maquis de Fantomas devint ma terre promise.

Rien ne m'arrêtait, je marchais jour et nuit vers la montagne où je le situais. En marchant, j'apprenais à être libre, à être moi. Je criais : « Je m'appelle Jacques, je suis juif. » Tout était tellement rentré en moi, tassé au-dedans de ma poitrine, qu'en lâchant ces mots je perdais du poids. J'avançais léger et sans angoisse vers ce Fantomas d'avant-guerre, celui que ma mère m'achetait pour me faire tenir tranquille. Et puis, un jour, j'ai rencontré Bisson. Oui, devant moi, un type cherchait des mûres dans un chemin creux ! Je me suis caché et j'ai regardé faire le type. Il devait avoir trois au quatre années de plus que moi, dans les vingt ans. Plus petit, plus large aussi. Des cheveux noirs tombaient drus sur son front étroit, le visage était dur, l'air assez vache. Comme nous étions loin de tout village, je pensai : « Tiens, c'est peut-être un résistant. » J'essayai d'apercevoir la mitraillette sous sa vareuse bleue. Mais non, le gars n'avait pas d'arme, à moins qu'elle ne fût enfouie dans la musette qui lui coupait l'épaule. Je suivis le type tout l'après-midi ; vers le soir, j'étais fixé, ce gars-là était comme moi, il vagabondait, sans plus. Alors j'avais poussé du pied un caillou. Le type s'était retourné, très vite, comme s'il avait été touché par ma pierre et puis il s'était adossé à un arbre attendant que je parvienne jusqu'à lui. Je m'étais arrêté et j'avais dit en tendant la main :

« Je m'appelle Jacques, on pourrait peut-être marcher ensemble. »

Je venais d'en prendre pour quinze jours d'errance.

QUI VIVE !

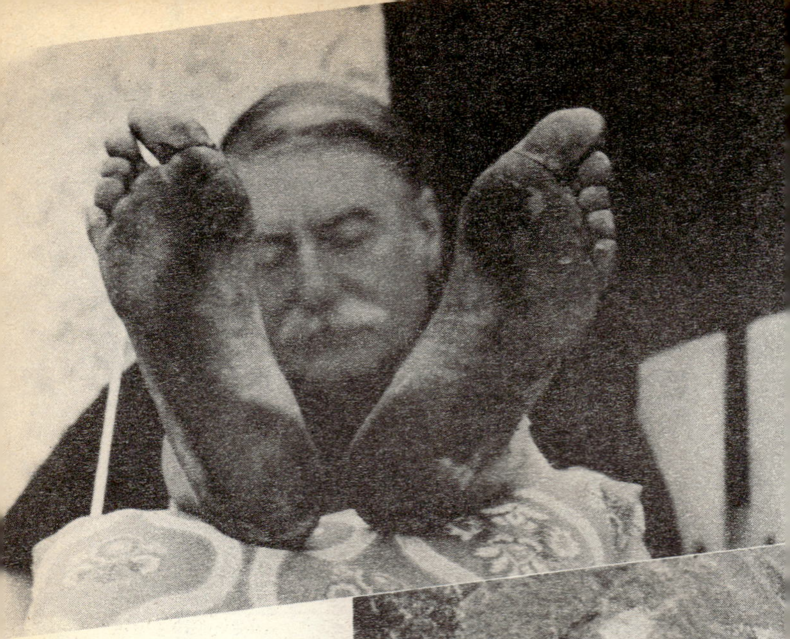

Sur un sentier entre Cuzco et Combapatas, entouré d'enfants lumineux.

Cette approche des races et des coutumes, cette offre que l'on fait de sa personne au pays visité, cette leçon de l'existence que les habitants d'une contrée proche ou lointaine vous donnent font partie du grand livre de la vie.

refusent de se laisser photographier. Mes souvenirs les plus impressionnants d'ailleurs, sont ceux que la pellicule n'a pas impressionnés. J'aime m'agenouiller autour d'un plat commun et manger de la main gauche des choses brûlantes. J'aime me diriger, assoiffé, vers un puits tari et devoir continuer jusqu'au prochain point d'eau. J'aime me frotter à la rugosité d'un caractère. Craindre autant qu'être craint à l'entrée d'un village. J'aime ces longs rites d'approche où chacun se mesure du regard. Ces saluts portés au front et au cœur.

J'aime ces frôlements de pensées et de peaux, ces frous-frous de jupes et de voiles. J'aime quand cela ne peut aller plus loin qu'un désir inavoué mais entouré de quelle fervente discrétion ! J'aime m'endormir écrasé sous la voie lactée, bercé par les litanies, à l'heure où la nuit ferme le caquet des coqs.

J'aime me réveiller au son du pilon qui broie mil et riz. Croyez-moi, c'est autrement musical que la sonnerie du téléphone.

J'aime la vie de famille, la vie de tribu. Cette vie qu'aucun État n'a encore pu gérer, agencer, planifier, malgré d'innombrables persécutions. J'aime tout ce qui, en un mot, n'existe plus chez moi, chez les miens.

Que de contradictions ! Je possède deux T.V., un ordinateur, une voiture, tout ce qu'un homme moderne désire : l'utile et le superflu. Mais est-ce vraiment une contradiction ? Je me suis souvent demandé, mêlé à ces gens, quelles seraient leurs réactions s'ils me voyaient — flashes simultanés — au volant d'une grosse routière sur l'autoroute du soleil, au clavier d'un ordinateur, aux commandes d'une tondeuse tractée. Oui, s'ils me voyaient dans un ascenseur de la tour Montparnasse, un parking de l'avenue Foch, un fauteuil de 747...

Comment pourraient-ils imaginer qu'un routard en haillons et en sac à dos, peut avoir quelque part une autre vie et donner de lui une autre image ? Je ne les crois pas indifférents à mon mystère. Et c'est là où il y a triche : ils montrent tout, je ne révèle rien. Encore faut-il concevoir l'inconcevable ?

Kibo Hut : 4 700 mètres. Dernière étape avant l'assaut du Kili.

Le retour du guerrier

Au retour de ces virées, on n'est plus tout à fait le même. On porte un autre regard sur les siens et les choses qui vous entourent. On est révolté par l'incroyable gâchis de nourriture, d'images, de sons, de mots.

Il en est toujours ainsi. Je fais la guerre à ma femme, la leçon à mes gosses. Je leur assure qu'il n'est pas nécessaire de manger quatre plats par jour. Un seul suffit. Un œuf, une boîte de sardines, c'est déjà une bénédiction des dieux, un apport calorique fantastique. Inutile de se gaver de hors-d'œuvre, de viande, de fromage, de gâteaux, de glaces, de bonbons.

Même chose pour le bain. Pourquoi se laver chaque matin dans une baignoire alors qu'il suffit d'un bol pour se tenir propre ? Ceux qui ont fait l'apprentissage du désert savent se laver entièrement dans un verre d'eau, non pas en s'y plongeant comme le génie de la lampe d'Aladin, bien entendu, mais en comptant chaque goutte à sa juste valeur.

Oui, à chaque retrouvaille, c'est toujours le même étonnement, la même insistance. La chasse au gaspi — jusqu'à l'obsession. Seulement voilà : je me fais de nouveau grignoter par mon milieu. Je m'y réadapte. La goutte d'eau ne me lave plus : je m'y noie. Bientôt, je plébiscite l'entrecôte et mets la sardine au rancart.

Mes gosses craignent ces retours en force. Car ils perdent, pour un temps, leurs privilèges de petits-bourgeois. Découvrent avec saisissement cette nouvelle image d'un père qui continue à bédouiniser sur la moquette du salon. A la longue, c'est devenu un jeu. Un jeu qui ne va pas sans méprises : jamais, par exemple, je ne reviendrai barbu d'un long voyage. Peur, stupéfaction de revoir passer ses propres enfants, à côté de soi, sans être reconnu !

Revenir, partir. Bonjour, au revoir ! La comédie n'en finit plus. Pourquoi ne pas m'exiler définitivement, poursuivre l'errance ? J'ai des amis « partis pour trois semaines » et qui tournent en Himalaya depuis des années. Ils sont venus là où l'illusion les a conduits : un paradis de légende, un graal inaccessible. En réalité, ils clochardisent et louvoient autour d'eux, en perpétuel transit dans la condition des autres. Ils sont plus courageux mais moins lucides que moi car, quoi que l'on fasse, où que l'on aille, nous sommes conditionnés par la couleur de notre peau, les exigences de notre type racial, et jamais, au grand jamais, on ne sera admis au sein d'une tribu, d'une autre communauté. Pas besoin d'aller chercher des exemples bien loin : regardons plutôt ce qui se passe en Ardèche ou dans l'Ariège, chez les anciens soixante-huitards convertis à l'agriculture ou à l'élevage des chèvres. Ils sont encore rejetés par les natifs du terroir, lesquels préféreraient voir la terre en friche que cultivée par ces paysans de Paris.

Fort de cette expérience, et bien que cela m'obsède et m'attire, je ne larguerai point les amarres pour dériver, comme tant d'autres, sur un radeau qui prend l'eau et le cauchemar en compagnie d'un Bouddha, d'un Krishna ou d'un Mahomet de bande dessinée. Si la religion est l'opium des peuples, son interprétation délirante est poison mortel. Peu d'Occidentaux s'en tirent, à l'exception de quelques lamas européens, crâne rasé, sarong safran, occupés à chercher la lumière dans la pénombre d'un monastère.

Alors, puisque je ne suis pas capable d'entrer dans ces théâtres d'ombre et d'esbroufe et d'y jouer la comédie de la béatitude, que reste-t-il de mes amours ? Ai-je donc fait toutes ces marches en vain ?

Oui et non. Je ne suis pas du genre à projeter des diapos ni à jouer les conférenciers, encore moins à imprimer sur l'écran blanc de ma mémoire les souvenirs en cinémascope et panavision. Je me surprends plutôt à confondre et à fondre, à mon insu, tous les instants rares et chers en une seule vaste fresque, où mon troisième œil chemine d'un bout à l'autre de la surface peinte, captant, de-ci, de-là, un fragment, une nuance. Comme l'araignée sa proie, je gobe au fur et à mesure de mes besoins d'évasion, quelques pattes de mouche, quelques parcelles d'aile, autant d'infimes éclats de souvenirs et d'émotion que je prends au piège de ma toile tissée au fil de mes périples. J'y déambule en somnambule, toute voracité éteinte, attentif aux appels, aux lézardes de ma mémoire.

De temps à autre, j'accroche la fresque à l'horizon, et me balade cette fois lentement, très lentement, dans cette somme, ce kaléidoscope de panoramas et de sensations. Chacun de mes livres — je suis fier de le dire — y puise son style, son tempérament, son désordre.

Le jour que j'attendais depuis longtemps arriva.

Dans la lumière déjà vive de l'aube, je compte mes pesos. Des pesos, j'en ai pour 100 dollars. La musette sur l'épaule, je m'éloigne de la mine comme un traître sans me retourner. J'ai honte de quitter mes compagnons pour une vie meilleure. Que vont-ils penser de moi, mes compagnons ? Que vont-ils croire lorsqu'ils ne me verront plus parmi eux ? Ils croiront ce qu'ils ont toujours su, que j'étais pas de leur milieu, que j'avais pas leur physique, ni leurs habitudes, que j'étais de passage dans l'accident de leur condition, que je venais de trop loin pour ne pas repartir loin.

Et maintenant voici qu'en ce jour de printemps, je franchis les premiers kilomètres qui me séparent de mon pays. Je suis parti, et plus rien ne pourra me retenir dans ma course, ni l'amitié que j'ai pour mes compagnons, ni la honte, ni les promesses.

Cette descente vers Santiago, c'est le plus beau moment de ma vie. Combien viennent loin derrière les émotions de mes amours ! Les lèvres de mes maîtresses aimées se fanent sous le soleil de la Cordillère. Tout ça est loin et faux ; ce n'étaient pas des sensations mais des compensations que j'éprouvais alors.

LE RAT D'AMÉRIQUE

La tête et les jambes

Je ne marche pas toujours pour écrire, je n'écris pas toujours pour marcher. Une chose est sûre : j'aime faire marcher mon lecteur.

On croit — à tort — que chaque pays visité me fournit le sujet d'un livre. On me cite en exemple *La Baleine blanche*, *Le Lama bleu*, *Le Septième Ciel*. Voyons d'un peu plus près ce qu'il en est.

En 1979, je partis faire un trek au Népal pour me laver la tête, exactement comme on se lave les pieds. Avec un shampooing aux sangsues dévoreuses et aux neiges éternelles. Puissant décapant.

Le traitement, sorte de séborrhée mentale, réussit si bien que j'y retournai un an plus tard. Je n'avais alors ni le projet, ni le thème d'un livre. Je ne cherchais même pas. Et puis, tout à coup, après quelques jours de randonnée, je tombe sur un couple de Français que j'avais déjà croisés au même endroit, lors de mon premier voyage. Naïf, je les interroge : « Vous êtes donc revenus ? » Leur réponse me laisse coi. « Nous ne sommes pas revenus : nous ne sommes pas partis ! » « Comment, vous marchez depuis tout ce temps ? » « Oui... on tourne et on retourne... »

La réflexion fait suite à la surprise. D'autant qu'ils gravitaient ainsi depuis deux ans. Petit déclic. Je me demande : que se passerait-il si, quittant les miens pour trois semaines, disparaissant dans la nature, je restais des années sans donner signe de vie ? Pour banale qu'elle fût, cette question engendra des suppositions en chaîne : quelle serait l'atti-

Après seize heures de marche, soudain ce désir érotique :

Qui n'a pas eu son rêve de harem. Son fantasme de sultan. Son palais des mille et un plaisirs. Son Arabie de désir ?

J'y ai cru longtemps. Je les ai vues. Elles étaient nombreuses. Autant de reines que de cases. Un échiquier de mosaïque. Un décor de tentures. De sofas profonds. De divans divins. Plantes aphrodisiaques. Parfums capiteux. Des ors et du chypre. Du jasmin et des ambres. Des jets d'eau à la bouche. Des eunuques en babouches. Des odalisques en voilette.

Oui. Nombreuses elles étaient. Lascives, haletantes ! Sein lourd, cuisse légère, ventre à terre. Elles n'en pouvaient plus de m'attendre. Je me suis avancé. Mains tendues. Langue pendante. Je les ai culbutées sur des poufs.

Et sans faire le moindre flop. Prises en maître. Pas en traître. Enfilées, l'une après l'autre, comme les perles d'un collier. Joailler du clair de lune. Jeune roumi hurlant à l'amour dans un bousbir de favorites. La forme en prime ! Des dix de der en veux-tu, en voilà. Des atouts cœur et des atouts sexe. De quoi couper, battre et brasser. Vallée des soupirs. Cratères en fusion. Ruts sauvages. Extases de narguilé. Haschich et marijuana. Blondes et brunes : du kif au même !

tude de ma femme, de mes gosses ? Entreprendraient-ils des recherches pour me retrouver ? Se porteraient-ils eux-mêmes à ma rencontre ? Extraordinaire moyen d'éprouver et de vérifier l'amour de ses proches ! Ma femme aurait-elle pris des amants ? Doté mes enfants d'un beau-père — et de quelques névroses au passage ?

Je venais de trouver là le thème de mon prochain bouquin. Jamais je n'aurais écrit *La Baleine blanche* si je n'avais rencontré, coup sur coup, ces Français perdus de l'Himalaya. Sans eux, je n'aurais jamais trouvé mon idée de base. Je devais, bien sûr, m'en démarquer par la suite, pour bâtir une histoire complètement romancée où je ne figurais plus qu'en arrière-plan. L'imagination, dès lors, emboîtait le pas au hasard des miens.

A l'inverse, lorsque je me mis à sillonner l'Altiplano péruvien, je tenais déjà le point de départ de mon livre. Afin de parachuter, comme j'en avais l'intention, un messie juif chez les Quechuas, il me fallait absolument découvrir et localiser un village de la cordillère des Andes suffisamment éloigné de la civilisation, voire coupé du monde.

Bien que je sois un conteur d'histoires, il ne m'est pas possible de mener celles-ci à leur terme si je ne « colle » pas de très près à la réalité. Plus tard, lorsque j'écris, j'ai besoin d'illuminer la pénombre de mon bureau au soleil du paysage où vont déambuler mes personnages. Jamais *Le Lama bleu* n'aurait vu le jour si je n'avais eu en permanence au fond de l'œil, à fleur de tête et d'épiderme, tout ce qui compose l'univers physique et métaphysique des êtres qui traversent mon histoire au fil des pages.

Contrairement à la plupart des marcheurs et des écrivains, je ne prends jamais de notes, en dehors des noms de lieux et de dieux. J'ai cette certitude qu'une fois revenu, enfermé en moi-même, l'essentiel va ressurgir. Je fais confiance à ce formidable ordinateur naturel qu'est la mémoire, à sa faculté de démêler le dérisoire du vital.

Tous mes compagnons de route sont étonnés de me voir ainsi vacant, les bras ballants, alors qu'eux-mêmes s'astreignent quotidiennement à une collecte systématique de leurs moindre faits, gestes et sensations. Je suis bien certain que si l'on ramassait toutes ces copies, un maître d'école n'en tirerait guère qu'une seule et même dictée, reproduite à des centaines de milliers d'exemplaires. C'est humain. Le cinquante millionième Japonais en visite à Paris cadrera pour la cinquante millionième fois la tour Eiffel avec l'impression de « tenir » la photo unique, le scoop de la semaine.

A mesure qu'on s'élève en altitude et en esprit, on est appelé à croiser vainqueurs et vaincus qui redescendent tels des zombies vers des sphères plus humaines. Beaucoup d'entre eux y ont laissé des plumes et des illusions. Ils nous regardent de haut. Ils reviennent de l'enfer. C'est toujours comme cela. Ceux qui redescendent, ceux qui savent, ceux qui ont vu, méprisent ceux qui montent. Ce bizutage moral est insupportable. Même les défaillants et les éclopés nous snobent.

Je ne regarde plus rien d'autre que mes pieds. J'avance lentement mais j'avance sûrement. Bientôt le pierrier et la lave font place à la neige. Les tempes battent. Et puis, soudain, j'aperçois un drapeau. Guilman's Point ! J'y suis, mais oui, j'y suis ! C'est le grand bonheur. La grande fierté un peu idiote. Mais Guilman's Point n'est qu'une étape. Après avoir noté notre nom sur un gros

cahier et remis le cahier dans sa boîte hermétique, on s'élance tout droit dans le vide en direction du cratère. Une heure de neige jusqu'au ventre, puis autant de grimpe pour atteindre les cathédrales de glace. Là, on touche au sublime. On sent l'haleine des dieux. En tendant le bras on pourrait presque effleurer de ses doigts gantés le tout dernier petit mètre de 5 963 autres... Mais qu'est-ce qui m'arrive ? Je pleure. Eh oui, je pleure. Heureusement que j'ai mes lunettes de glacier. Une chance que mes larmes gèlent le long de mes joues ! Non mais, qu'est-ce qu'ils diraient, les autres ? Non mais, est-ce que Hemingway s'est mis à chialer lorsque le vautour planait au-dessus de lui ? Non mais, est-ce que vous avez déjà vu un vieux bonhomme pleurer à 6 000 m ?

Allons, mon gars. Rentre tes larmes et serre les fesses. Tout à l'heure, ce sera la fête. La viande fraîche, je la sens d'ici, est enfin arrivée à Kibo Hut...

Kilimandjaro

Je suis décidément un drôle d'auteur. Je ne note rien d'important, je ne me documente pas davantage sur les pays visités. J'aime partir avec innocence et naïveté. Me sentir analphabète devant un pays neuf, comme un con devant les populations. Ne rien savoir d'elles me rend plus attentif, plus perceptif. L'ignorance est un merveilleux ferment de lucidité, de spontanéité. Une façon extraordinaire d'approcher les autres. Un art subtil de la communication, comme diraient les spécialistes du « médiatique ». Mieux : je suis aux anges lorsqu'il s'agit de m'accrocher aux intonations d'une langue étrangère, sans en comprendre ni le sens ni les

En plein pays dogon (Mali) voici le palais du grand chef : le Hogon.

Mes pas écrasent les graminées et ma mémoire éclate. Les souvenirs font un doux bruissement d'éboulis. Je marche en avant de mes pensées sur un grand tapis de silence...

mots. Il y a là un véritable travail de prospecteur. Il faut savoir fouiller l'autre, comme l'orpailleur fouille la terre. Être à la fois la pioche et le tamis.

En revanche, dès mon retour, j'avale romans, documents et guides qui traitent de la région traversée. Je peste, je fulmine : quel aveuglement d'être passé à côté de tant de richesses culturelles, géographiques, archéologiques !

J'ai des yeux pour voir et je n'ai rien vu de ce qu'il fallait voir. Heureusement, j'ai un cœur pour vibrer et s'enthousiasmer. Il s'est ému devant des sites, des monuments, des objets ayant échappé à ceux qui codifient dans leurs prospectus le rarissime et la beauté. On parle des sept merveilles du monde. C'est bien peu. J'en ai vu soixante-dix mille ! Je ramène mes propres trésors. Ceux-là ne figureront jamais au recto d'une carte postale.

Puisque nous en sommes au chapitre des richesses balisées et aéroportées, j'en profite pour signaler à ceux de mes amis qui s'en étonneraient, que je n'ai jamais envoyé, d'où que ce soit, la moindre lettre, la moindre carte postale. Encore un rite barbare auquel se soumet tout Occidental en déplacement. Vous devez sans doute être noyé, comme moi, de ces bouts de carton illustrés, d'une banalité exotique à faire chialer les singes, barbouillés d'une écriture illisible et signés d'un simple prénom sur lequel vous n'arrivez pas à mettre un visage.

La carte postale est une invention honteuse. Elle dépoétise, simple prétexte à faire baver d'envie le destinataire. En remplissant ces papiers glacés et bariolés, l'expéditeur se ravale au rang d'oie domestique : il gave lui-même sa propre libido.

Le Septième Ciel, ce fut autre chose. J'avais simplement envie — mais est-ce aussi simple que cela ? — de me propulser à travers Néguev et Sinaï, avec, en point de mire, Moïse à l'horizon. Une idée parfaitement tordue mais qui avait le mérite de concilier le sport et la mystique.

Au départ, pas le moindre embryon de roman. Je projetais d'écrire un document : *Les Carnets du désert*, sorte de journal de route où, comble des combles pour un homme qui ne prend jamais de notes, j'aurais enfin consigné mes états d'âme et de terrain. Afin de rester honnête envers moi-même et rigoureux dans mon système de pensée, j'ai engagé un scribe — ne voyez là rien de péjoratif, mais prenez « scribe » au sens où l'entendaient les pharaons — qui s'est lancé à mes côtés dans cette superbe traversée biblique. Chaque jour, je l'invitais à m'interroger sur les événements les plus marquants, lui dictais mes impressions. Au retour, pensais-je, je plancherais sur ce matériau brut et m'en servirais comme d'un mortier pour sceller les pierres de ma propre pyramide. J'avais emporté une dizaine de petits carnets rouges qui se remplissaient à mesure de notre avancée. Mais, vers la fin du voyage, un événement imprévu, aussi ridicule que baroque, vint saper les fondations du projet initial. Nous étions trois et nous avions faim. Boîtes de conserve et fruits secs épuisés, j'achetai pour quarante-cinq dollars, à un Bédouin, une petite chèvre noire que nous devions mettre à mort. La transaction dura deux heures. Finalement, nous partîmes, tenant à tour de rôle la chèvre au bout d'une ficelle.

Après nous être relayés ainsi toute la journée, on s'aperçut que ces chevrettes bibliques, qui bêlent comme braillent les nourrissons et remuent la queue comme des toutous, sont adorables à croquer. Ou plutôt qu'elles sont si touchantes, si attachantes, qu'on ne peut se résoudre à les croquer. Nous voici donc, trois espèces de schnocks, en plein désert, notre garde-manger en laisse, déjà rongés par le remords à l'idée du sacrifice qui nous attend. D'un commun accord, nous décidons de gracier la biquette. Mais comment faire comprendre cette hérésie aux Bédouins qui nous accompagnent ? Aurions-nous dépensé tant d'argent pour les beaux yeux d'une chèvre ? Si grande est notre peur d'être déconsidérés — la mise à mort étant fixée au lendemain soir — que, profitant du sommeil de nos compagnons, nous conduisons à pas de loup la chevrette auprès d'un troupeau qui paît alentour. Catastrophe : non seulement on manque de se faire dévorer par les chiens, mais l'animal, refusant la compagnie de ses semblables, préfère revenir avec nous. Rien n'y fit. Ni les cris ni les jets de pierres. Cette conne de chèvre, nous prenant sans doute pour des boucs — il faut dire que l'odeur y était — s'attacha résolument à nos baskets. Ce retour au campement, par une nuit de pleine lune, avec cette pauvre bête sur nos talons, était si émouvant et en même temps si grotesque, illustrait si parfaitement notre mauvaise conscience, que *Les Carnets du désert* furent relégués en un instant dans les oubliettes de ma mémoire — grignotés en un rien de temps comme feuille d'acacia. La situation m'apparut pittoresque, minable, absurde. Je compris que j'avais trouvé là la première image d'un roman.

Pas la peine d'aller très loin.
Le Haut-Atlas, croyez-moi, vaut le détour.

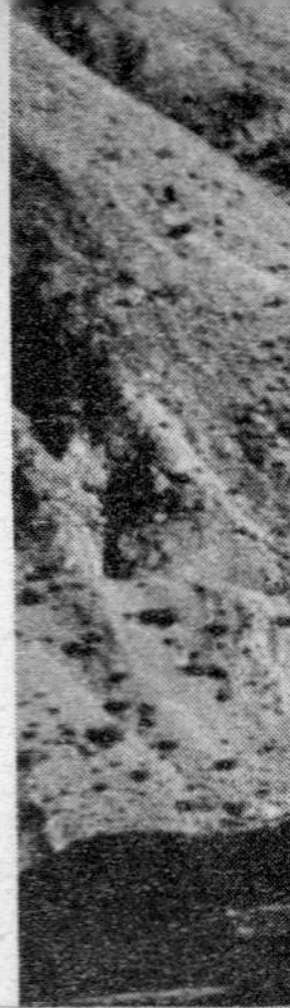

Derrière Maurice Giquel (au centre)
la chaîne himalayenne déroule ses anneaux mystérieux.

Mieux vaut marcher par plus de 50 °C que par – 20 °C. Par plus de 50 °C il arrive que l'on soit agréablement surpris par un souffle d'air venu d'on ne sait où : une imperceptible brise qui caresse le front d'une fraîcheur perceptible.

Hélas ! par – 15 °C ou – 20 °C, pas le moindre souffle chaud pour venir dégeler la pointe des moustaches ou réchauffer les doigts. Le grand froid ne compose pas. Il est brutal et bêtement intransigeant. La grande chaleur, elle, se montre plus conciliante, plus attentive au corps humain.

De Horombo Hut à Mawenzi Hut, trois heures de marche à tout casser mais la dénivelée s'accentue. On passe en effet de 3 720 m à 4 600 m. Mais on passe surtout d'un campement à peu près potable à une espèce de cahute en tôle où l'on s'entasse à quatre. J'ai les pieds déchirés, le ventre pourri.

Petite promenade dans l'après-midi entre 4 600 m et 4 800 m, histoire de vérifier notre acclimatation à l'altitude. Le paysage est bouleversant. Tout au bout d'une plaine désertique d'un type *Désert des Tartares*, se dresse le majestueux Kibo qui nous défie du haut de ses 6 000 m.

Premier incident sérieux en fin d'après-midi. Gibson, seul porteur à être monté au Mawenzi, dépose aux pieds de Peter, grand gastronome, une bassine de nouilles dans laquelle la cuillère de bois tient debout. Peter se dresse et déclare : « Si j'avais servi cette pâtée à mes hommes, ils m'auraient tué. » A dix-neuf ans, Peter commandait une section en Indonésie. Pour détendre l'atmosphère, je chante en parodiant Don Camillo : « Des pâtes, des pâtes, oui, mais des Tanzanie. » Ça ne détend rien du tout. Les gars ont l'altitude mauvaise. A la guerre comme à la guerre...

A peine descendus du car, nous attrapons les sacs à dos et nous nous mettons en route le long de la rivière Mârdi, jusqu'au camp de réfugiés tibétains où nous passerons la nuit. Nous sommes dans la vallée, à huit cents mètres d'altitude. Il fait chaud, très chaud malgré l'heure tardive. Soudain, par-delà les collines, voici que nous découvrons le fameux Machapuchare (Queue de pois-

son), 6 993 m, et derrière lui, impérial, sublime, l'Annapurna ou plutôt les Annapurna. Sur notre gauche, le numéro I, 8 091 m. Presque en face de nous, le III, 7 755 m et puis sur la droite, frères siamois s'abreuvant à la mamelle du même ciel, le II et le IV : 7 937 m et 7 525 m.

Ces sommets ne nous quitteront pratiquement plus mais, dès le surlendemain, on apercevra en prime le Dhaulagiri (8 172 m), cadeau de Vichnou aux visiteurs médusés, écrasés, qui reçoivent là un éblouissant coup de beauté, une sorte de communion eucharistique, comme le sentiment d'être avalé par Dieu.

Kilimandjaro

A partir de cet instantané, de ce flash, je n'eus de cesse, les jours passant, de me bâtir une histoire, impatient d'en savoir davantage sur ces trois errants du clair de lune. Qui étaient-ils ? D'où venaient-ils ? Où allaient-ils ?

La réponse n'est pas dans la *Critique de la raison pure*, elle est dans *Le Septième Ciel*. Quant aux *Carnets du désert*, ils jaunissent, comme sable passé, dans un tiroir.

Lorsque paraîtra ce traité du marcheur fou, l'histoire de mon prochain roman, dont je ne connais ni le titre, ni l'exacte teneur, sera certainement bien lancée sur les rails de l'imagination. Pour l'heure, elle ne tient qu'à un fil, auquel je me raccroche.

Cassera, cassera pas ? S'il casse, c'est que l'histoire ne méritait pas d'être contée.

L'été dernier, j'ai marché aux Célèbes et à Bornéo. Aux Célèbes, j'ai rencontré les Toradjas, un

En compagnie d'Arié à Massada :
800 kilomètres de désert dans les pieds et la vue.

Plus une goutte d'eau. Rien à se mettre sous la dent. La peur et la chiasse au ventre. Un mois qu'ils ne s'étaient pas rasés. On aurait dit des patriarches en déroute. Des Rois mages détroussés de leur magie. Des pauvres bougres, enfin ! Des colporteurs de la bible. Qui n'a pas son ancien testament ? Qui n'a pas son nouveau territoire ?

LE SEPTIÈME CIEL

peuple étonnant d'anciens navigateurs réfugiés dans la montagne et qui refusent d'admettre que la mort est une fatalité. Chez eux, les défunts sont considérés comme des malades. Chaque famille en « conserve » deux ou trois, parfois plus, à la maison. On les a vidés de leurs entrailles et de leurs viscères, mais pas de leur âme — ni de leur odeur hélas. Mais quel défi de prolonger, des années durant, l'existence du mort à peine momifié, que l'on finira tout de même par accrocher à quelque pan de falaise ! De toutes les marches que j'ai entreprises, c'est sans doute celle qui m'a le plus marqué. Et pourtant, ma mémoire de romancier la laissera dans l'oubli.

Je ne suis pas resté davantage chez les Dayaks de Bornéo que chez les Toradjas des Célèbes ; néanmoins — et je ne me l'explique pas encore — je sens que je tiens là un soupçon de trame. Ils coupaient les têtes, je coupe les cheveux en quatre : cela risque pourtant d'être sanglant côté cervelle !... J'ai déjà ébauché quelques personnages, parmi lesquels un guide (*Le Guide* pourrait être le titre du livre), une sorte de routard mystique, la trentaine, ayant roulé sa bosse dans le monde entier. Comme tous ses confrères, il a loué ses services à une agence de voyages qui l'emploie à piloter des touristes dans les pays d'Asie, notamment à Bornéo.

L'itinéraire intérieur de ce guide m'intéresse. Je veux savoir comment il en est arrivé à prendre les autres en charge. A devenir, l'espace d'un voyage, le gourou, mais aussi le papa et la maman d'une clientèle égoïste et capricieuse.

Autour de lui et à l'occasion d'une expédition à Bornéo, de sombres machinations vont s'ourdir : le trio infernal — la femme, le mari, l'amant. Le crime parfait peut être commis sous couvert de négligence. Il suffit, en effet, de l'éraflure d'une flèche empoisonnée tirée de ces sarbacanes utilisées à tout bout de champ par les Dayaks — instrument dans lequel les touristes soufflent pour s'amuser. Un accident de « chasse », n'est-ce pas, est si vite arrivé !

Le groupe comprendra, je le sais, huit personnages. En voici trois de casés dans un projet en friche. Nul doute qu'ils évolueront au gré de ma fantaisie et de leur propre logique. Autre membre de l'expédition : un adolescent, environ seize ans, qui court après la tête coupée de son grand-père. Cet aïeul, un milliardaire féru d'ethnologie, a disparu à la fin des années 60 lors d'un périple aux sources de la Mahakam. Dans son testament, il a expressément stipulé que seul son petit-fils, à sa majorité, hériterait de sa fortune. Or, faille du législateur ou lacune du Dalloz, tout individu porté disparu, même depuis vingt ans, n'est pas forcément tenu pour décédé. Tant que les proches ne réussiront pas à apporter la preuve de cet éventuel décès, la fortune restera inaccessible à la mère du gamin. Cette dernière, sans ressources aucunes, en est réduite à ouvrir un bordel canin dans sa propriété de Montfort-l'Amaury. A mille francs le coup, les mémés à leur chien-chien ne se bousculent pas...

Écœuré par les manigances de sa mère, veuve scandaleuse, l'adolescent cherche par tous les moyens à la sauver de la déchéance. Il s'inscrit donc pour un trek à Bornéo. Il espère mener son enquête et, qui sait ? tomber sur cette tête coupée qu'il déposerait, triomphant, sur le bureau du notaire.

J'en suis là de mon histoire. Mince fil conducteur, liane fragile depuis laquelle il faudrait être un Tarzan des Lettres pour s'élancer. Quatre autres protagonistes faisant partie du même groupe et qui auront chacun des préoccupations bien distinctes me sont encore inconnus. Bien sûr, trois d'entre eux, voire les quatre, peuvent jouer des rôles de figurants. C'est sans doute la solution. La cocasserie, l'humour viendront — pourquoi pas ? — de leurs réactions.

Des siècles que cela dure malgré l'opprobre des missionnaires. Personne n'a réussi à persuader les Toradjas que leurs morts étaient vraiment morts et qu'on pouvait, dès lors, les mettre en terre. On préfère les garder à la maison. Faire comme si on avait encore besoin d'eux. Comme s'ils avaient, eux aussi, encore besoin des vivants.

Tous les dix ou vingt ans, on se décidera tout de même à transporter les cercueils vers quelques falaises. On sculptera alors des effigies que l'on accrochera aux rochers ou que l'on posera sur des balcons de lianes ou de bois. L'effigie protégera le voyageur et étendra son pouvoir sur le village, les cultures.

Cette fête des morts n'est pas celle des buffles. Pour chaque buffle égorgé, les proches du défunt se saignent aux quatre veines. On emprunte, on trafique. On s'y met à plusieurs pour partager les frais de la cérémonie. Des troupeaux entiers sont sacrifiés, sans compter les cochons noirs, les poulets, les chiens. Tout ce qui est chaud et rouge, frémissant, palpitant, y passe. Un vrai carnage. Des décapitations à la chaîne. De la viande à foison. Un festin d'une semaine ou plus, car il faut nourrir et honorer les innombrables membres de la famille venus, pour la circonstance, des quatre coins du pays. C'est fou ce que l'on se découvre comme parents dans ces cas-là ! Mais le sacrifice des chiens et des singes

n'égale pas celui du buffle. Le buffle est l'animal absolu. Il est d'autant plus précieux qu'il est sacré. D'autant plus apprécié du mort qu'il vaut une fortune. Des familles se ruinent, s'endettent pour la vie entière.

Toradjas

Si je n'étais jamais allé à Bornéo, j'aurais mûri d'autres folies, meurtrières ou risibles. Les idées sont comme cela : elles ont des ports d'attache, pas de patrie. J'ai toujours eu besoin de grands espaces, de forêts vierges, de déserts, de hautes montagnes, pour accoucher de mes souris. De *La Glace est rompue* au *Septième Ciel*, en passant par *Le Rat d'Amérique*, *Cuir de Russie*, *Les Nouveaux Territoires*, *Les Transsibériennes*, *La Baleine blanche* et *Le Lama bleu*, toute la mappemonde y est passée. Mais de temps à autre, je me recroqueville, je ferme mes volets, je me verrouille à double tour. De ces retraites intérieures sont sortis *Qui vive*, *Mémoire d'un Amnésique*, *Le Têtard*.

Ouvrages autobiographiques et d'évasion ne touchent pas nécessairement les mêmes lecteurs. Mais qui sont-ils — pour paraphraser Baudelaire — mes hypocrites lecteurs, mes semblables, mes frères ? On les idéalise, on en fait une sorte de portrait-robot. Il m'arrive, en écrivant telle ou telle phrase, de penser à ce lecteur type et de me demander si le style, si la formule le toucheront. Ce lecteur-là, est-il routard ou bourgeois ? P.-D.G. ou professeur d'éducation physique ? Homme ou femme ? Je sais qu'il est plutôt jeune. Mon tirage en livre de poche l'atteste. Où que j'aille, je rencontre toujours des petits gars trimbalant un de mes titres dans leur sac

Passé Londa et Lemo, où les touristes descendus des minibus mitraillent les grottes funéraires où s'amassent des corps momifiés, harnachés de perruques et de haillons d'apparat, l'aventure commence vraiment. On naviguera quatorze jours sans rencontrer le moindre étranger. Pas même un chercheur du C.N.R.S., un missionnaire ou un routard. C'est qu'il n'est pas facile d'accéder au cœur du pays toradja. Il faut d'abord obtenir des autorisations, des laissez-passer, des sauf-conduits. Toute une foule de permis qui permettront de marcher, de photographier, d'entrer dans les villages et d'y coucher.

Toradjas

à dos. Sur les marches du couvent Sainte-Catherine (Sinaï), un jeune couple, épaule contre épaule, lisait *La Baleine blanche*. Dans le patio d'un hôtel de Ujungpandang (capitale des Célèbes), même scène ; cette fois, il s'agissait du *Lama bleu*. Je suis habitué au phénomène. Cela ne me surprend plus. Ça m'enchante. Mais, chez les autres, que d'étonnement lorsque, levant les yeux du livre, ils me voient soudain apparaître, en chair et en os ! Et presque toujours dans des endroits impossibles. Ils prennent conscience, alors, que je vais bien sur le terrain et que, souvent, je les précède. Le contraire est plus couru : mes bouquins incitent au voyage. Ils sont des centaines à partir au bout du monde, leur lecture terminée.

Mais paradoxe ! Si, pour les uns, je ne suis que l'écrivain, pour d'autres, je suis uniquement le marcheur. Bien que l'un influence l'autre, les deux réputations ne s'additionnent pas automatiquement. Il y a des marcheurs qui ne liront jamais, des lecteurs qui ne marcheront jamais.

Quand je marche, je ne reconnais pas l'écrivain. A l'inverse, quand j'écris, je me sens proche du marcheur.

Généralement, je ne mélange pas les deux genres. Pour des raisons évidentes de temps, de fatigue, de concentration. Néanmoins, lorsque je prépare les Cent kilomètres de Millau, les cinquante-six kilomètres de Roanne, ou le Paris-Mantes, je m'entraîne deux à trois heures chaque matin et je m'assieds à ma table de travail comme si de rien n'était.

A contrario, lorsque je m'absente pour plusieurs semaines, voire plusieurs mois, il m'est *matériellement* interdit de mêler écriture et marche. Un ouvrier en vacances ne transporte pas sa chaîne de montage. Un cadre dynamique, de même, mettra au rancart ses problèmes de compétitivité et de dispatching. Un chauffeur de taxi, son drapeau en berne.

Je n'agis pas autrement.

L'aventure commence souvent au moment même où nos certitudes les plus tenaces en prennent un coup dans l'aile. Pas de réelle aventure donc sans incident, sans contrariété, voire sans accident puisque, et vous le savez très bien, ce qu'on prend parfois pour une catastrophe devient, quelque temps plus tard, grâce à la magie de la mémoire, notre meilleur souvenir.

Ph. R. Gaillarde

Marche ou crève !

Marcher, c'est être en vacances de soi-même. Un remède miraculeux à l'usage de tous ceux que lasse leur propre voix. Une source d'inspiration, de tonus.

Les muses, chez moi, ne sont pas ces êtres ailés et follets chantés par les romantiques. Je les imagine *pédestres*. Au fil des kilomètres, je me refais une santé, me régénère tout en m'érodant. Bien que je ne sois pas particulièrement friable, j'y laisse des miettes et des plumes. Marcher à l'énergie, ça use, ça use énormément. Les articulations, le cœur, les doigts de pieds, comme dit la chanson. On aurait tendance à croire que la tête sort indemne de ces surpassements de soi. Erreur : dans ce genre de marche, tout passe par la tête. Constamment sollicitée, elle se fait tour à tour régiment de cavalerie et de blindés, monte à l'assaut ou bat en retraite, joue tantôt les fantassins éclopés, tantôt les égorgeurs de tranchées. Pas de combat glorieux sans corps à corps avec sa tête. La chose est bien connue des sportifs de haut niveau. L'influx nerveux, la volonté, l'intelligence priment sur le muscle. Je n'ai pas peur de dire — au risque de me piéger — que je me sers davantage de ma tête en marchant qu'en écrivant. A l'extrême limite, si, lors d'un de ces cruels jeux de vérité, je devais choisir entre la marche et l'exercice romanesque, je n'hésiterais pas une seconde. Je répondrais : la marche. Le marcheur délivre l'homme. Il l'empêche de s'étioler, de se confiner dans l'abstrait, l'éthéré.

A 4 000 mètres, comme vous le voyez, seuls les anges ont des ailes...

« Tiens, Lamassito, prends-en un peu et tu verras la vie en bleu. Ton père aimait beaucoup ça. Il en mâchait des doses énormes. Il le préférait à la coca et à l'aguardiente. Tu sais ce qu'il disait, ton père ? Il prétendait que ça le faisait marcher dans sa tête. Il se recouvrait le visage de son poncho et puis il partait très loin explorer les territoires inaccessibles. Au matin, il nous entretenait des choses de l'existence et de la religion. C'était comme s'il était allé chercher l'enseignement chez les ancêtres. Comme s'il avait

conversé toute la nuit avec eux. Comme s'il avait escaladé les plus hautes montagnes, celles où sont assis les Auquis et les Apus. Il en revenait transi de froid, grelottant, hagard. Mais nous, Cipriana et moi, on savait que le corps était resté là enroulé dans son poncho. Seule son âme voyageait. Alors, quand elle avait suffisamment parcouru les mondes inconnus, elle déboulait d'un nuage, prenait le vent ou les ailes d'un condor et réintégrait le corps. »

Je préfère vivre des histoires de pieds que des histoires de cul, tourner en rond plutôt que copuler en triangle. Et puis, c'est mon destin : si j'ai l'assurance, à cinquante-huit ans, de ne plus pouvoir mourir jeune, l'image de l'avenir, elle, se profile à l'horizon, petit point noir perdu dans la blancheur des neiges. Seul, sans famille, sans obligations, je ferais comme le Vince de *La Baleine blanche* : je disparaîtrais à tout jamais vers je ne sais quel infini.

Ça, c'est mon rêve. Mais ce rêve ne se transformerait-il pas en cauchemar si quelque envahisseur, quelque occupant intempestif m'obligeait à le réaliser ? Sous la contrainte, ce qui est joie devient misère. Qu'un nervi, schlag en main, m'impose des accélérations effrénées, j'en crèverais. Je songe parfois à cette phrase du général Massu, si révoltante, si lourde de tricherie. Il a déclaré, lors de la guerre d'Algérie : « La gégenne ? Il ne faut pas en faire un foin ! Vous pouvez me croire : je me suis moi-même prêté à l'expérience ! »

Effarante mauvaise foi. La torture, ce n'est pas seulement le mal physique, instantané, c'est le fait d'ignorer jusqu'où ça va aller, et quand ça va se terminer. En se soumettant de son propre chef à la gégenne, Massu connaissait d'avance les données : il agissait non pas en tant que victime, mais en tant qu'expérimentateur, en tant que froid exécutant. Peu de rapport, bien entendu, entre les douleurs du marcheur et la géhenne du torturé. N'empêche ! Le randonneur de pointe est un maso : « ce qu'il fait, même une bête ne le ferait pas ». Non seulement, il aime se tailler en pièces, se pourfendre, mais encore il paie parfois très cher le droit à la souffrance. D'autres y prétendent mais renâclent, finalement, à sauter l'obstacle. Ceux-là trichent avec eux-mêmes.

Francs-tireurs et tire-au-flanc

Le marcheur a sa fierté. En groupe, son amour-propre le conduit bien souvent à déployer des trésors d'adresse et de ruse pour cacher sa fatigue. Voici — avis aux amateurs — les trucs auxquels certains n'hésitent pas à recourir lorsqu'ils sont exténués.

D'abord, le coup de l'appareil photo ou de la caméra. Le marcheur épuisé s'arrête et sort lentement l'un ou l'autre de son sac. Pendant qu'il mitraille, qu'il visionne de tout son soûl, il souffle. Au lieu de garder l'appareil à portée de la main, il le range soigneusement, ce qui lui permettra, à chaque pause, d'ôter, d'ouvrir et de refermer son sac à dos. Il peut aussi faire semblant de recharger son boîtier. S'apercevoir soudain que son diaphragme est déréglé. Tapoter interminablement la cellule. Recommencer l'opération, et ainsi de suite.

Autre prétexte : un caillou s'est glissé dans ses chaussures. Il doit encore s'arrêter. Délacer. Retirer ses chaussettes. Secouer le tout, se rechausser. Quelques mètres plus loin, le voici qui s'exclame : « Merde alors ! Il n'est toujours pas parti ! » Tout est à refaire.

Quelques-uns seront pris d'une torrentielle courante. Toutes les dix minutes, ils s'isolent. Reviennent en se tenant le ventre. Le sherpa qui les attend assiste, perplexe, à la débandade de ces drôles d'Occidentaux dont le mode de régulation intestinale ne laisse pas de le surprendre.

1978 : premier voyage au Népal.
Il m'arrivait alors de m'asseoir.
C'était la sagesse, pas encore la folie.

Le chemin étant le seul moyen de communication pour se rendre d'un village ou d'une vallée à l'autre, il va sans dire que le trekkeur s'inscrit tout naturellement dans la réalité népalaise au point qu'il en oublie quelquefois de s'arrêter, continuant à marcher des années durant, comme cet Allemand de quarante-cinq ans, rencontré à Ghorapani, qui avait complètement perdu la notion du temps, à force de tourner en rond dans le Moyen Age extrême-oriental.

Ici, pas de voiture, d'avion et de bicyclette. Pas non plus de radio, d'électricité, de courrier, mais néanmoins une existence de tous les instants, ne serait-ce que dans l'attente voluptueuse d'un souffle d'air, dans

l'espérance obsessionnelle de rencontrer un peu d'eau.

Entièrement projeté sur lui-même, coupé du monde, tendu vers l'effort, soucieux jusqu'à la folie de ses jambes, de ses pieds, de sa forme, le marcheur sécrète donc sa propre drogue. Pas à pas, il la fabrique et la consomme ; elle lui permet à la fois l'absence et l'élévation. Tout le long de notre randonnée, nous croiserons ainsi des femmes et des hommes, couples ou solitaires, sortes de fantômes disponibles ou insensés qui se baguenaudaient, hantés par leurs propres châteaux de rêves, dans le suicidaire espoir d'être dignes un jour d'affronter les grands sommets.

J'ai connu des lascars qui se découvraient, tout à coup, une vocation de botaniste. Ils cueillaient fleurs et plantes d'un bout à l'autre du parcours. Ramassaient même de l'herbe à chat et des trèfles à trois feuilles.

Dans les cas d'extrême lassitude, le randonneur peut arguer d'une foulure, d'un claquage, d'une crampe. C'est mieux vu, moins louche que les précédentes mascarades. Cela revient tout de même à avouer une certaine défaillance. A ceux que l'orgueil étreint, et qui vont jusqu'à épuiser leurs dernières forces en sifflotant alors qu'ils sont à l'agonie, je conseillerais plutôt de rejoindre le peloton de tête et de s'y maintenir. En effet, seuls les marcheurs de tête sont amenés à s'arrêter. Ceci pour une raison bien simple : ils doivent, à certains détours de chemin, attendre le restant du groupe. Mais, aussitôt qu'ils aperçoivent les traînards, ils repartent. Si bien que les traînards, eux, ne bénéficient pas du moindre repos officiel, et qu'ils en sont réduits à tirer au flanc comme des caves.

Le pire, en randonnée de groupe, c'est le décalage des rythmes. Il n'y a aucune raison pour que les plus véloces obligent les moins rapides à suivre la cadence. Aucune raison, non plus, pour que les plus lents coupent les ailes des premiers. Phénomène de court-circuit susceptible de faire sauter les plombs des plus survoltés. Afin d'éviter ces sautes de tension, je préfère m'arranger au préalable avec le guide. Je lui demande de m'expliquer l'itinéraire, de m'indiquer les points de repère, la distance approximative. Je m'élance alors, au risque de me perdre, sans tenir compte de l'allure générale. Je ne m'arrête qu'au terme de l'étape. Je bois, je m'alimente en marchant. Plusieurs raisons à cela : primo, j'aime en finir le plus vite possible ; mettre le chemin K.O. avant la limite puisqu'il s'agit d'un combat. Deuxio, ce jeu de jambes, ce corde à corde

Moïse obéit de mauvaise grâce aux injonctions de Dieu. Il se mit en route sans vraiment avoir le cœur à l'ouvrage. La bonne volonté et les bonnes intentions, qualités indispensables à tout vrai marcheur, lui manquaient singulièrement. De plus, le bougre n'avait aucun sens de l'orientation. Confondant nord et sud, ouest et est, lorsque soleil et Voie lactée n'étaient pas au rendez-vous des aubes et des crépuscules, il allait au petit bonheur la chance, se gourant d'horizons et de points cardinaux.

Il erra ainsi longtemps, très longtemps, de terres arides en djebels, de dunes en savanes, pour toucher en d'étranges contrées aux forêts dévorantes, aux fleuves débordants, aux animaux gigantesques. Ça changeait des épineux rabougris, des minces filets d'eau, des méchantes vipères, des faméliques chacals. Tout y était si démesuré, si luxuriant, si abondant, si verdoyant, si coloré, que Moïse se crut au paradis. Persuadé que Dieu avait fait exprès d'éclipser les astres qui servaient, d'ordinaire, de repères, il promit de ramener son peuple en ces hautes terres africaines où coulaient à flots les oueds et le lait. Ce n'étaient que troupeaux de buffles et d'antilopes, ramées ombragées, régimes de fruits exotiques plus succulents les uns que les autres. Oh bien sûr ! il y avait quelques inconvénients à se balader parmi tous ces trésors, ne fût-ce que le boa qui vous avalait en douceur, le python qui vous serrait de trop près, la panthère dont il fallait éviter le coup de patte, le rhinocéros qui chargeait, tête baissée, cornes dressées. Et bien d'autres animaux, pas très gentils, inconnus au bataillon du bestiaire égyptien.

En un rien de temps, faisant fi de ces petits tracas, Moïse sut s'adapter au pays. Il trouva refuge dans les branches, se déplaça de liane en liane, devint l'ami des grands singes et inventa un cri de ralliement encore célèbre de nos jours.

LE SEPTIÈME CIEL

sur le ring du terrain, me fait transpirer comme une éponge pressée. La moindre halte m'est désagréable. Je ne supporte pas que la sueur refroidisse et me laisse ainsi mariner, sorte de hareng de la

Baltique détrempé, rollmops délavé à la vinaigrette d'aisselle. Tertio, plus ma cheville est en action, moins elle enfle ; plus elle est chaude, moins je grippe.

Autres trucs : s'extasier devant le paysage, même s'il n'a rien de palpitant.

Décrocher la bretelle de son sac à dos et se catastropher à outrance comme si elle était fichue.

Faire parler à tout prix celui qui vous précède, de sorte qu'il s'essouffle.

Je laisse la suite à votre imagination. Je précise néanmoins aux traîne-savates que les descentes ne sont nullement une aubaine, qu'il n'y a pas lieu de s'en réjouir : car toute pente mérite sa peine puisqu'elle annonce une montée équivalente. En ce qui me concerne, j'ai un penchant pour les montées, encore que j'affectionne tout particulièrement les faux plats. Ce côté faux-cul de la nature convient tout à fait à mon caractère tordu.

Il est 5 heures, Pékin s'éveille, je n'ai pas sommeil. Je me promène depuis la veille au soir, en compagnie de Xavier Fargeas, mon copain alpiniste. Impossible de dormir. L'émotion, la joie, y sont sans doute pour quelque chose. Nous sommes venus à Pékin, bref aller et retour, arracher aux autorités compétentes la permission d'effectuer la première grande marche himalayenne entre Lhassa et Katmandou. Eh bien, ça y est ! Après trois jours de tractations, nous signerons dans la matinée le protocole d'accord. Mais oui, nous serons les seuls Occidentaux à recouper les chemins lumineux empruntés, dès 1927, par Alexandra David-Neel. Personne, depuis,

n'a eu l'idée, le désir, le droit, de relier à pied les deux capitales de l'Himalaya. Le choc, quoi !

Nous errons en toute liberté dans les rues obscures, les larges avenues éclairées, sans provoquer la moindre curiosité. Il faut dire qu'à ces heures-là, et comme partout, les amoureux sont seuls au monde. Main dans la main, ils rasent les murs, s'y abritant parfois pour s'étreindre chastement. A Pékin, faute de place, l'amour fait du surplace. Quatre mètres carrés par habitant (dix personnes logées dans une surface de quarante mètres carrés), cela ne permet pas aux corps de bruyantes et fulgurantes exaltations. Il faut donc apprendre à s'aimer en douceur, en catimini, en attouchements furtifs : une gymnastique nocturne beaucoup moins épanouissante que le fameux *taï ki quan* pratiqué, dès l'aube, sur les trottoirs et dans les parcs de la capitale. Là, les corps se laissent aller au gré d'un mouvement savamment contenu. Paradoxe chinois, on utilise l'espace avec déférence, comme s'il venait à manquer. On s'y meut dans d'étranges attitudes fœtales, comme si le ver à soie voulait s'extraire de son cocon : surtout ne pas déchirer la juste mesure, ne pas offusquer la géométrie.

Le fond et la forme

Pour tenir la distance sans éprouver de défaillance, il est nécessaire de prendre un petit déjeuner abondant : café, thé, confiture, fromage, œufs, galettes. Pas de restriction. Manger jusqu'à l'empiffrement.

Au « déjeuner », par contre, se contenter de fruits secs, de chocolat. Se munir de choses légères, sucrées, énergétiques. Ne pas s'alourdir, se laisser prendre au traquenard d'une lente digestion. Plus le marcheur est rapide, plus sa digestion est lente. Le malheureux sera victime, des après-midi durant, de renvois de saucisson, de sardines, de relents de charcuterie ou de conserves plus ou moins magouillées. Saucissonner, voilà le mal. C'est pire que de s'en mettre plein la panse. En revanche, et pour mater cette satanée fringale qui peut vous assaillir à n'importe quel moment, veillez à emporter quelques pâtes d'amandes aux germes de blé. Et pourquoi pas, ce que je fais souvent, l'équivalent d'un bol de riz complet, savoureusement épicé ou même franchement pimenté. Je marche au piment comme d'autres carburent au whisky. Il offre l'avantage d'un meilleur transit intestinal — et ce n'est pas un hasard s'il est roi d'un bout à l'autre des tropiques. Outre que le piment procure la force, le mordant, il aide aussi, le soir venu, à ingurgiter certains plats immondes dont même un chien ne voudrait pas. Bien pimentée, une viande à demi avariée, un poisson mal boucané, deviennent acceptables. Mais le piment a encore une autre vertu : mélangé au camphre ou au menthol et à l'huile d'olive, il se change en un puissant révulsif, capable de soulager, par massage, les muscles froissés ou douloureux. Mais attention alors aux yeux et au sexe : car si vous y portez les doigts sans les avoir au préalable nettoyés, vous n'échapperez ni aux larmes ni à l'érection. Les effets s'en feront sentir toute la nuit...

Au dîner, ne vous restreignez pas. Allez-y franchement. Surtout si vous avez dépensé une énergie démentielle. Tout sera le bienvenu : patates, riz, pâtes. En ce qui concerne la viande, ne vous inquiétez pas : la ration sera si minime que vous ne la sentirez pas passer. En guise de festin, et à n'importe quel point de la planète sous-développée, quelques abats feront votre ordinaire. Il faut savoir vivre en tenant compte des maigres ressources naturelles de la population, ne pas rompre son fragile équilibre alimentaire. N'ayez crainte : si votre palais regimbe devant cette trop rare nourriture, votre organisme, lui, y trouve son compte. En contrepartie, vos conserves, sardines, corned-beef ainsi que les sachets lyophilisés auront beaucoup de succès. Sachez que les Himalayens, les Andins, les Sahariens, ont un faible pour les sardines, notamment les sardines à la tomate.

Impératif : se méfier du corned-beef. L'hiver, il se congèle, l'été — horreur — il se liquéfie, se ratatouille. Ouvrir une boîte de corned-beef par plus de 45° au-dessus de zéro vous dégoûtera à tout jamais de ce type de conserve. Si l'occasion se présente, tournez-vous de préférence vers le beurre de yak ou de lama, l'huile de noix de coco ou de palme. En montagne comme au désert, graisses et huiles font cruellement défaut à mesure que l'on brûle ses calories. Si l'Armée Rouge a gagné la bataille de Stalingrad, c'est grâce à ces boules de saindoux que les soldats soviétiques transportaient dans leur musette et qui leur permettaient de résister au froid. Les services secrets allemands, par chance, ne s'étaient pas penchés sur le problème et tenaient pour négligeable cet aspect de la diététique. En revanche, lorsqu'ils guerroyaient dans les déserts de Libye, les soldats de Rommel, comme ceux de Montgomery et de Leclerc, absorbaient jusqu'à dix cachets de sel de sodium par jour. Le sel fixe l'eau, réduit le risque de déshydratation. Hélas! tous les marcheurs ne savent pas cela. Nombre d'entre eux omettent non seulement d'emporter du sel, mais oublient de boire en quantité suffisante : un minimum de deux litres en montagne, et de six à sept litres en plein désert. Combien sont-ils à s'embarquer sans gourde, s'enorgueillissant même de leur sobriété de chameau ! Mais la nature n'aime pas qu'on la nargue. Les pauvres en sont réduits à quémander quelques gorgées d'eau. Ceux-là ne sont pas mes copains. Lorsque je rencontre un randonneur aussi imprévoyant, je suis impitoyable. J'attends qu'il soit à l'article de la mort avant de le secourir.

A la Réunion, la nourriture est comme les filles : terriblement tentante, formidablement appétissante : une envie boulimique de « sauter » n'importe quel plat pourvu qu'il soit créole. La saveur à la gorge, l'eau à la bouche. Et puis, soudain, dès la première bouchée, la première étreinte, c'est l'incendie du palais, le feu au ventre et au sexe. A peine avalé, le cari nous fait atteindre l'orgasme. C'est l'extase de la pénétration. On ne fume pas après mais pendant. Un peu plus tard, néanmoins, alors que la fraîcheur de la nuit tombe sur l'île, l'estomac nous restitue la chaleur du jour. Petite braise épicée de coco et de

gingembre, de rougail au piment et à la combava, elle couve en nous, elle attise les papilles, elle titille les gustatives. A peine a-t-on digéré qu'on en redemande. C'est cela l'amour : une histoire de cuisine entre chère et chairs. C'est cela la cuisine : une histoire d'amour entre cœur et ventre. Un bouche-à-bouche de tous les instants, un va-et-vient subtil de la langue. Un brassage immédiat du corps étranger. Une osmose perverse entre l'avalé et l'avalant.

Ah, marcheurs de tous les pays ! Que n'avez-vous goûté encore au massalé de cabri, au cari de poisson rose ou de canard au poivre vert. Aux achards de légumes et de safran, à la salade de palmistes, à toutes ces merveilles revitalisantes comme le cari Jacques ou le cari Bichique. Sans parler des rougails sauce « dynamitante » qui vous aident à couvrir des kilomètres de hauteurs, à gravir des tours Eiffel de ravines, à grimper presque verticalement des à-pics friables où de jeunes tamarins, étouffés par la broussaille, vous servent de corde de rappel.

L'île de la Réunion

Aberration ou perversion ? La plupart des guides se trouvent eux-mêmes démunis des quatre instruments indispensables à tout marcheur de pointe : la gourde, le couteau, l'ouvre-boîtes, la lampe électrique. Ils comptent sur leurs clients et sont là, sans cesse, à emprunter ce qui leur fait défaut. Énervant, stupide ! Si l'on excepte les guides de haute montagne, on peut avancer que 80 p. 100 des accompagnateurs se comportent ainsi. Pis que cela : au nom du look et de la décontraction, j'en connais qui refusent le port du sac à dos. Hérésie ! Sans sac, comment peut-on trouver son équilibre, sa dimension, son intimité ? Le sac à dos, c'est le berceau du marcheur, son landau. Est-ce un hasard ? J'ai toujours eu affaire — et vous de même, je présume — à de tels individus. Arié, mon guide israélien, n'échappait pas à ce travers. Il ne possédait d'autre matériel et accessoires que son jerrican à bretelles (dix litres). Sempiternellement, c'étaient des « passe-moi ci, passe-moi ça ». Au bout de quelques jours, j'explosai. Il avait la manie de me demander mon couteau, mon ouvre-boîtes ou ma lampe au moment même où j'étais en train de m'en servir. Prise de gueule dans le désert, dont voici un aperçu littéraire :

« Démerde-toi Arié, j'en ai marre ! Mais pourquoi, bon Dieu, n'as-tu rien sur toi ?

— Pourquoi veux-tu que j'aie, puisque tu as ?

— Et suppose que je sois aussi con que toi ?

— Mais tu es *plus* con que moi, parce que moi, vois-tu, à l'armée, j'ai appris à voir la nuit, à ouvrir les conserves sans ouvre-boîtes, à couper sans couteau. »

Je ne désarmai pas :

« Eh bien, puisque l'armée t'a appris, vas-y mon vieux, démerde-toi ! »

Effectivement, il se démerda fort bien. Ce qui ne l'empêcha pas de revenir à la charge quelque temps après. Cette fois, plus conciliant — la grosse colère était passée — j'allai jusqu'à partager avec lui mon précieux sparadrap et mes aspirines...

Au terme d'un mois et demi de marche à travers sable et caillasse, soudain un ruban de route tout neuf : la dérision.

A l'âge de cinq ans, Vince m'avait emmené faire une marche de nuit dans la forêt de Compiègne. Nous étions partis de Saint-Jean-aux-Bois à destination de Vic-sur-Aisne par le G.R. 12. Vingt-neuf kilomètres en tout. J'avais tenu le coup jusqu'à Chelles, seize kilomètres, et puis me rendant compte qu'il ne me restait que mon courage et l'admiration que je lui vouais, il m'avait pris sur ses épaules et porté sans faillir jusqu'à Chavigny où nous étions arrivés à l'aube pour prendre le petit déjeuner dans une épicerie-buvette.

Deux heures après, comme je me sentais en forme pour continuer le voyage initiatique, Vince avait proposé de rejoindre Moulin-de-Laffaux par Margival, quatorze kilomètres de plaine assez morne, où l'on sentait encore les odeurs de la Grande Guerre. Nous avions marché à mon allure en nous arrêtant pour cueillir

des mûres et des fleurs, puis, touchant au but vers dix heures, on s'était assis en attendant notre taxi au pied du monument aux morts de l'artillerie de marine. On ne savait pas vraiment pourquoi les artilleurs de la marine s'étaient fait faucher ici, aussi loin des océans, et pendant que papa se renseignait auprès du garde champêtre, je m'étais innocemment endormi parmi tous ces cadavres aux noms gravés dans la pierre.

Dans le taxi qui nous ramenait à Saint-Jean-aux-Bois où nous avions laissé la voiture, Vince m'avait félicité. Il m'appelait son petit marcheur, son courageux, son artilleur, son grand bonhomme. Il était fier de moi, papa, car j'avais tenu le coup au-delà de ses espérances, j'avais réussi à dormir sur ses épaules, comme Napoléon, sur son cheval, sans tomber ni me plaindre.

Voilà des années qu'il marche, des décennies qu'il est en route, des siècles qu'il se propulse à travers le continent sud-américain. A Panama, il a étendu les bras et touché du même coup l'Atlantique et le Pacifique. Il a ramené à lui les deux océans pour n'en faire qu'un seul. Il a canalisé les eaux et exploré les fonds sous-marins. Panama, Venezuela, Colombie. Il a poursuivi sa quête. Il a fouillé, reniflé les trottoirs, escaladé les montagnes. Pas un corridor, pas un chaco, pas un fleuve qu'il n'ait traversés ou franchis. Pas un massif, pas une cheminée, pas un névé qui n'aient reçu la visite de son pied et gardé son empreinte.

Dans le Haut-Atlas avec Enzio et Michel, alors guides au Club Méditerranée.

Et ça continuait : Équateur, Paraguay, Guyane, Amazonie. Il avait cherché sur l'Orénoque, sur le rio Negro, de Belém à Manaus, dans la pourriture sauvage du Mato Grosso, dans les États de l'Est où sévit la famine. Il avait séjourné parmi les moustiques, les marécages, les serpents. Il avait été mordu, piqué, attaqué. Il avait fait ami-ami avec des Indiens, ennemi-ennemi avec d'autres. Il avait été fléché, cloué, mis au pilori, mis au pilon. Il avait joué à cache-cache avec la vie et la mort, il avait été croqué et digéré par les crocodiles, mais plus il avançait dans sa quête, plus elle le fuyait.

LE LAMA BLEU

Le guide, petit Moïse des temps modernes

Les guides, comme les feuilles mortes de la chanson, se ramassent à la pelle. Ils sont de tout type, de tout poil, de toute stature, de toute trempe.

Il y a celui qui feint d'être investi d'une mission spirituelle, quasi divine. C'est le guide au sens « moïsien » du terme. Il est généralement chiant, mais assez silencieux. Il affiche une décontraction toute biblique : cheveux long, barbe, spartiates, démarche coulante. Peu lui importe que l'on parte trop tard ou que l'on arrive trop tôt. Que le ravito suive ou non. Que l'on geigne ou que l'on s'extasie. Il ouvre, imperturbable, la voie. On le croit absent : en réalité, il a des yeux dans le dos. Rien de ce qui survient, de ce qui est dit ne lui échappe. L'aura prophétique dont il s'entoure lui permet de s'élever au-dessus des petits tracas du groupe et de s'en laver les mains. C'est un esthète. Ses allures éthérées lui valent un succès fou. Faute d'un Sherpa, d'un Touareg, d'un Inca à sa convenance, la randonneuse multipliera les serments d'allégeance, bouche ouverte, prête à engloutir l'hostie. Ce genre de guide, dès que tombe la nuit, est d'une espèce très caressante, très prompte à renverser ses conquêtes sur les tables de la loi.

Autre type : le grand fébrile. Discret, mal à l'aise, celui-là n'est sûr ni de lui, ni des étapes à venir, au point qu'il ne fournit aucune information sur le trajet de la journée bien qu'il donne l'impression de le connaître par cœur. Le seul avantage qu'il possède sur les autres : sa connaissance de la langue locale, et encore doit-il s'y reprendre à maintes reprises avant de se faire comprendre. On pourrait l'appeler le « guide étudiant »... Des études qui n'en finiraient pas : curieusement, le soir, à l'étape, ébahi d'avoir mené son monde à bon port, le voilà qui se met à jouer les profs : il raconte le ciel, la voie lactée, se répand en légendes et interprétations diverses. Cette philosophie des Nébuleuses aide à supporter l'inconfort d'un campement mal choisi, à avaler une bouffe abjecte, concoctée par quelque cuistot de fortune n'ayant à sa disposition que des conserves de bas rayon.

Il y a aussi le guide scout, ou paramilitaire. Celui qui a minutieusement tout préparé et par lequel tout arrive — tout sauf le rêve et l'émotion. Le dur à cuire, le négrier. Ça ne l'empêche pas d'ouvrir sa boîte à pharmacie lorsqu'un porteur s'est blessé : un porteur, ça coûte cher. Le guide scout sait tout sur tout : un amas de conneries, de clichés. Par exemple, il vous conseille de n'emporter qu'un litre d'eau par quarante degrés à l'ombre, alors que votre organisme en réclame quatre, voire cinq fois plus. Refuse de considérer qu'une personne qui transpire abondamment doit se désaltérer plus que les autres. Vous fait plonger dans l'eau très fraîche d'un canyon alors que vous êtes en pleine digestion. Vous exhorte à gravir une paroi à la roche si friable qu'Edlinger lui-même, l'homme-araignée, peinerait à la maîtriser. Le tout froidement, avec une mâle assurance, à la chef. Et pas question, s'il vous plaît, de se réclamer de la prudence.

Ce gars-là n'ira pas loin. A raison d'un mort par saison, il sera bientôt banni de toutes les agences de voyages.

Un mort, c'est la tuile du guide. Deux morts, c'est le toit entier. Il ne s'en relèvera pas. Sera condamné à tourner quarante ans dans le désert de sa chambre ou de sa ferme savoyarde. Le guide redoute donc l'accident et la sanction qui s'ensuit. C'est pourquoi même le plus tolérant s'emporte contre le marcheur de choc en lequel il voit un casse-cou, une tête brûlée. Certes, nul n'est à l'abri d'un coup du sort qui ternirait l'image du prophète. Récemment, j'ai bien failli jouer un mauvais tour à un excellent guide saharien. J'étais résolu à terminer le trek en beauté : trente kilomètres à couvrir en moins de quatre heures le long d'une piste chamelière. Qui m'aime me suive ! Je visais surtout deux Pyrénéens déguisés en randonneurs basques et qui ne cessaient de caracoler en tête, histoire de me provoquer. La présence de mes deux enfants, Emmanuel quatorze ans et David dix ans et demi, m'avait jusqu'alors empêché de relever le défi : je craignais de les mettre à rude épreuve.

Enfin, je me décidai. Les deux gosses en voulaient autant que moi. Je savais que le petit ne tiendrait pas au-delà d'une heure à cette allure ultrarapide — dans les sept kilomètres trois quarts.

Pour aller de Buenos Aires à Asuncion du Paraguay, on fait des détours sur la géographie, on se bat contre la nuit qui crie et le ventre de la Pampa nous digère.

En matière de voyage, tout est conçu pour satisfaire le touriste. Mais, pour le monde simple et innocent de l'Amérique latine, être touriste, c'est être américain. C'est pourquoi il est difficile de voyager tranquillement pauvre dans des contrées où le peuple n'a d'horizon que le sien. J'ai essayé, au cours de mes déplacements, et pour combattre la condition américaine que l'on m'imposait, de modifier mon aspect physique par des déguisements

qui allaient de la pelure de l'Arabe à celle du chemineau. Je me suis laissé pousser la barbe, puis les cheveux, j'ai rasé mes sourcils. Hélas ! je donnais encore en plein dans l'originalité américaine. J'ai eu des vêtements troués, des yeux fixes et la fièvre dans les mains ; j'étais encore un Américain qui revenait sans doute de loin et qui se dirigeait vers son hôtel *Crillon*, vers ses amis américains. Je n'avais point d'automobile américaine parce que je voyageais par la Pan American Airway, j'avais dans la poche un milliard de dollars et, sous ma langue, un chewing-gum qui dormait. Je passais dans les déserts, loin des grandes villes et des petites intelligences, cherchant un peu de nourriture autour des gourbis et, soudain, la population m'encerclait : « Please boy, chicless, chicless (chewing-gum), one dollar, one dollar. » Les filles arrivaient et, comme des guêpes, elles bourdonnaient : « Focke, focke, one dollar, one dollar, no mas (un dollar pas plus), souvenir, boy. »

« Ah ! les salauds, pensais-je, ils me prennent pour un Américain. Imbéciles, jeunes cons ! », leur disais-je, en forçant l'accent de Paris. « One dollar, focke, focke », me répondaient-ils.

J'avais le teint rose et la peau blanche, là était mon malheur : celui d'avoir les oreilles transparentes d'Eisenhower.

Argentine, 1952

Nous sommes partis comme des flèches. Vingt minutes plus tard, les Pyrénéens, accoutumés aux pas nonchalants des montagnards, et toujours à la recherche de leur premier souffle, lâchaient prise. Exactement ce que j'espérais.

J'affectionne particulièrement ce genre de marche : terrain plat, sec, mirages à l'horizon des horizons. Au bout d'une heure, je voyais des caravanes partout, des toits rouges, des clochers... Mais je voyais surtout David, animé d'une farouche volonté, actionnant ses petites jambes comme les bielles d'un moteur emballé. De peur qu'il ne s'épuise — nous en étions convenus auparavant — je l'arrête, le fais asseoir sur un rocher, vérifie le contenu de sa gourde et lui demande d'attendre les autres. Énervement, crise de larmes. David refuse. Il se sent bien, il peut continuer. J'insiste. Je négocie, persuadé qu'il ne tiendra pas le coup. Il finit par se rendre à mes raisons, ou plutôt, il fait mine d'accepter. Je m'élance donc à nouveau, suivi de mon autre fils, Emmanuel, une bête, un futur athlète. Je me retourne une fois, deux fois : David, assis, nous adresse un signe de la main. Un peu plus tard, la piste chamelière s'enfonce dans un canyon. Je ne vois plus David, pas plus qu'il ne m'aperçoit. Le gosse, atteint dans sa vanité, en a profité pour décamper. Je ne l'apprendrai que par la suite : David s'est égaré. Et si le guide, un charmant garçon, cultivé et amateur de peintures rupestres, ne s'était pas détourné de l'itinéraire prévu afin d'aller admirer l'une d'elles en compagnie du gros de la troupe, le petit se serait bel et bien perdu.

Marcher, c'est aller au bout de soi-même tout en allant au bout du monde.

C'est redécouvrir l'homme qui prenait ses jambes à son cou lorsque le ciel lui tombait dessus.

C'est geler en même temps que les pierres du chemin. Griller au feu du soleil. Partir à l'aube en pleine forme pour revenir sur les genoux en pleine nuit.

Marcher, c'est rencontrer des créatures qu'on ne verrait nulle part ailleurs. Marcher, c'est aussi aller nulle part sans rencontrer personne.

C'est se mettre en vacances de l'existence. C'est exister en dehors des vacances.

Marcher, c'est réussir à dépasser son ombre. C'est pouvoir se doubler soi-même en s'envoyant un gentil salut au passage.

Marcher, c'est caresser le sol, le flatter, l'amadouer. Une manière de se mettre la terre dans sa poche avant qu'elle ne se referme à jamais.

Marcher, c'est être dans le secret des dieux. C'est écouter à leurs oreilles et entendre avec eux des bruissements, des murmures qu'on croyait éteints.

Marcher, c'est se mêler à la conversation des arbres, aux commérages des oiseaux, aux persiflages des reptiles. C'est se fondre dans la nature, se couler au fond du moule.

Marcher, est-ce que cela ne serait pas, en définitive, tourner avec ses pieds, au pas à pas, page après page, le grand livre de la vie ?

La leçon que j'en tire : j'ai eu tort de faire confiance à un enfant de dix ans qui voit disparaître, en plein désert, son père et son frère. Je ne lui en ai pas voulu, je me suis engueulé moi-même. J'ai tenu à m'excuser auprès du guide sur lequel toute la responsabilité du drame serait retombée. Quant à David, il y a sans doute gagné un enseignement qu'il n'oubliera pas de sitôt. On l'a retrouvé, Petit Poucet des sables, gorge et gourde sèches, pas vraiment affolé mais tout de même sur le point d'appeler sa mère.

Heureusement, il y a des guides tout à fait exceptionnels, dont l'aplomb n'est pas simulé. Sportifs, psychologues, sensibles, attentifs, fermes quand il faut l'être, ils savent donner d'eux-mêmes ce qu'ils tirent des autres. Un mois de marche en leur compagnie suffirait à faire d'une brebis timorée un nouveau pasteur capable, à son tour, de mener d'autres troupeaux par monts et par vaux, en évitant les méchants pièges de la nature. Dans la plupart des cas, ce type de guide a fait ses preuves en tant qu'alpiniste. Peut-être a-t-il gravi le Janu, le Makalu ou, à défaut, la Meije. Il a surtout atteint cette forme de sérénité qui lui permet de supporter avec sourire et indulgence une clientèle qui le prend à la fois pour son papa et sa maman. Du matin jusqu'au soir, il est harcelé de questions stupides et

Nairobi sous la pluie, c'est Levallois-Perret où les crottes de lion et de tigre auraient remplacé les crottes de chien. Les trottoirs sont luisants et merdiques...

sans objet, auxquelles il doit répondre sans user d'ironie ni de méchanceté — même s'il est parfois amené à sous-entendre qu'il veut bien, à la rigueur, jouer le rôle du père, mais pas celui de la mère.

En général, le guide est d'un naturel écologiste. Il recommande à chacun de ne pas laisser ses déchets à l'air libre, d'enterrer les boîtes de conserve vides, d'éliminer toute trace de feu. J'en ai connu un qui exigeait même que l'on brûlât le papier hygiénique, pourtant biodégradable. Quelle connerie ! A peine torché, il fallait se procurer allumettes ou briquet et incendier le tout par des vents déments. Le porteur autochtone, bien entendu, s'en bat l'aile et la fesse de rire. Lui, il abandonne ses paquets de cigarettes et ses déjections n'importe où. Regarde d'un air compatissant ces pauvres gringos, ces étranges roumis qui trimbalent leur sac poubelle comme une voilure crevée.

Dans le Néguev, j'ai assisté à une scène insolite. Une ravissante protectrice de la nature passait ses journées à enfouir la merde des troupes en manœuvre dans des emballages en plastique. Drôle de cueillette ; une façon toute scatologique d'aller à l'excrément, ce lotus du désert, comme on va, chez nous, aux fraises ou aux champignons. Inutile de dire que je l'envoyai sur les roses.

Les hommes sont ainsi faits : ou bien ils polluent, ou bien ils pinaillent. Dans le genre sacrilège, ce que j'ai vu de pire, de plus souillé, de plus abominablement irrespectueux, c'est, sans aucun doute, le sommet du mont Moïse, où les souris ont du mal à se frayer un passage parmi les détritus en tout genre laissés par les touristes.

Autre abomination : le fameux chemin des Incas qui relie le Machupicchu à partir du kilomètre 88. Là, chaque matin, ce sont des trains entiers de randonneurs qui s'y déversent. Durant trois jours, ils ne feront qu'essaimer le PQ sur la terre sacrée des

Incas. Drôles de confettis roses et bleus, tachés de brun, et qui s'envolent, virevoltent et vous sautent au visage au moment précis où vous êtes frappé par la beauté du site et du sanctuaire !

Le mont Blanc, le Kilimandjaro, tous les sommets accessibles valent aussi leur pesant de souillure. Seuls, quelques pics himalayens échappent à l'universelle diarrhée : rares sont les hommes à y accéder.

Le sommet du mont Sinaï a-t-il accouché d'une poubelle ? Le Dieu des écolos en frémit.

Nous touchons au but et je me sens comme démobilisé. Ce soir, nous coucherons au monastère de Sainte-Catherine. Demain, nous monterons au mont Moïse (2 293 m). Après-demain, au mont Catherine (2 644 m). Puis, à nouveau, nous reprendrons la piste jusqu'à l'oasis de Wadi Feirân. C'est ici que j'abandonnerai Moïse à son sort. Mais je ne m'en fais pas pour lui. Je crois qu'il a assez bien réussi son coup. On lui doit tout : Yahvé, Jésus et Mahomet. Le goût du lait et celui du caviar. La douceur du miel et la violence aveugle.

Sinaï

On vient de voir les différents types de guides. Il faut préciser qu'à l'exception du quatrième (plus mystique que réaliste), ils font un métier de chien.

Faire le guide, c'est la pire des professions. L'assommoir, la galère. Toutes les deux ou trois semaines, on change de clientèle mais pas d'itinéraire, de relations mais pas d'habitudes. Le gros carnet d'adresses se remplit de numéros de téléphone que l'on ne composera jamais... Ou bien alors on ne trouvera personne au bout du fil !

Sans cesse reraconter les mêmes choses, réemprunter les mêmes chemins. Expliquer, s'expliquer. Garder assez de fraîcheur, de candeur, afin de donner l'impression aux nouveaux venus qu'ils sont les premiers à effectuer le parcours. Les premiers à découvrir tel panorama, tel village, telle culture, telle peuplade. Tâche ingrate, surhumaine, sous-payée (250 à 400 francs par jour). Peut-être est-ce pour cette raison que les moins scrupuleux rognent sur le budget. Par exemple, à l'aller comme au retour, on supprime une chambre d'hôtel, remplacée, mine de rien, par une nuit à la belle étoile... C'est autant de pesos, de dirhams, de roupies, de livres rabiotés. Et puis, il y a cette façon d'ouvrir trois boîtes de sardines pour quinze alors qu'il en faudrait le triple. Quelle manie — quel profit — de rationner la « vache-qui-rit » (une portion pour deux), les fruits, le riz : une bouchée pour Bouddha, une bouchée pour Krishna, une bouchée pour bibi !

Tous, bien sûr, ne sont pas ainsi. Certains se montrent même tellement soucieux d'épargner des privations à leur clientèle qu'ils en sont de leur poche. Il s'agit souvent de guides débutants prêts à se plier en quatre afin de dorer le blason de la maison qui les emploie. Il faut savoir qu'un guide

Près de l'église désaffectée, où ne montait plus depuis longtemps aucun curé, j'avais repéré un petit bâtiment inhabité. J'ai fait demander au sorcier, qui est aussi le chef du pueblo, si je pouvais y dormir. Tout le village m'y a conduit. Les femmes sont allées nous couper l'ichu, l'herbe drue, pour m'en faire une couche fraîche. Et là, il s'est passé une chose extraordinaire. Je ne saurai jamais ce que mes porteurs ont raconté. Mais toute la nuit, les familles se sont succédé avec des offrandes qui m'étaient destinées. Des voix étouffées m'appelaient « papasito » (petit papa) et des mains déposaient des présents à ma porte. Une pomme de terre cuite, une poignée de haricots rouges, quelques épis de maïs. Mais aussi des feuilles de coca, qui ne poussent pas à cette altitude et que les Indiens avaient dû acheter. L'étrange et touchant défilé continua jusqu'au matin. Le fait que je sois arrivé à pied jusqu'à eux les a sans doute beaucoup frappés. Ils savent, croyance profonde, que l'Inkary, le messie des Andes, viendra un jour les chercher et les conduire vers le « pays de l'âge parfait ».

Bolivie

longue distance travaille au maximum quatre mois par an et qu'il passe le reste du temps à s'interroger sur lui-même dans un bled quelconque d'Asie, d'Afrique ou d'Amérique — où il a trouvé provisoirement refuge. Il voudrait bien s'y enraciner, jeter son dévolu sur une région du monde qu'il recoloniserait à sa façon. Il y a ses relations, ses collaborateurs, ses privilèges, ses femmes, ses porteurs. Il vit pour trois fois rien en attendant qu'une agence le contacte. Étonnant qu'aucun de ces bourlingueurs, qu'ils soient de la petite ou de la grande semaine, et bien qu'ayant souvent effectué leur itinéraire personnel avant de louer leurs services aux autres, n'aient jamais été tentés par l'aventure romanesque. Et, pourtant, quel matériau, quelle mine, quel exceptionnel terrain d'observation que tous ces pays traversés, tous ces gens rencontrés ! Ah, si j'étais guide ! Quel roman, quel récit j'en tirerais !

J'irais de ma méchanceté, de mes affabulations, de ma hargne. Il n'y aurait qu'à laisser courir sa plume entre le vécu et l'imaginaire. Descendre en soi pour y retrouver les notes enfouies au fond des mémoires et faire surgir de ses tripes toutes les couleuvres avalées. Raconter ce que l'on a enduré, aimé, haï. Brosser le portrait à l'encre sympathique des tribus de randonneurs, vaille que vaille et désespérément identiques, en dépit des quelques personnalités hors pair qui ensoleillent parfois le groupe et aux pieds desquelles on tombe admiratif ! En route il m'est arrivé de rencontrer des Rimbaud, des Segalen, mais aussi des Pagnol, des Fernandel. Rouleurs de génie, conteurs de première. Ensorceleurs des neiges, prêcheurs du désert ou, plus simplement, vagabond en panne de lui-même et qui attend, calmos, je ne sais quel mécanicien des âmes. Les chemins du monde sont pleins d'appels au secours. Faut-il encore les entendre. Il est plus confortable de prêter l'oreille aux cris de plaisir. Ah, les coucheries — il y aurait tant à dire sur les coucheries, sur les couples qui se font, se défont, se refont — pas feutrés dans la nuit, murmures sous les tentes, halo tremblotant des frontales, soupirs contenus... Quel bonheur que le guide soit là pour nous éviter, à nous pauvres pécheurs, d'exténuantes copulations !

Oui, pourquoi donc n'écrit-il pas ? Lui qui aime la nature et les hommes, détient, pense-t-il, science et savoir, sensibilité et pouvoir ? Manque-t-il de talent, d'ambition ? Est-il trop débordé par ses modèles pour les croquer sur le vif ? Ou bien a-t-il peur de médire, de s'autodétruire en les campant — en un mot, de perdre sa raison d'être ?

N'oublions pas les femmes guides. Elles sont très nombreuses, très semblables. Sortes de mères de Foucauld, elles marquent le sable de leur empreinte : le Sahara les attire. Missionnaires pas toujours charitables, elles entrent en désert comme on entre en religion. Elles ont la foi sans posséder vraiment l'expérience. Qu'importe, elles vont l'acquérir sur le terrain. Ne nous y trompons pas. Elles paraissent assez chétives, mais se révèlent résistantes, coriaces, pour ne pas dire increvables.

Quant au sexisme, il est inconnu au bataillon des marcheurs. Tel géant baroudeur ne s'offusquera point d'être guidé par l'une de ces frêles créatures, de se plier aux ordres de ces petites femmes volontaires. Certes, il leur arrive de perdre leurs nerfs, comme tout le monde, surtout lorsqu'elles ont affaire à des machos locaux, touareg, amérindiens et autres. Ceux-ci sont déboussolés et ne comprennent pas cette apparente démission du sexe fort. Guides locaux et porteurs rechignent à obéir. Au Mexique, en Argentine, dans les déserts d'Égypte et d'Arabie, les femmes guides vivent un véritable cauchemar et se voient souvent contraintes de déléguer leurs pouvoirs au plus représentatif de leurs clients masculins.

A l'inverse du guide mâle, le guide femelle ne flirte ni ne couche. Le temps d'un trek, il met sa féminité, ses pulsions, au rancart. Une sexualité normale, à plus forte raison débridée, réduirait à néant le prestige de son autorité. Mieux vaut laisser les Sodome et Gomorrhe au bois de Boulogne et à la Bible !

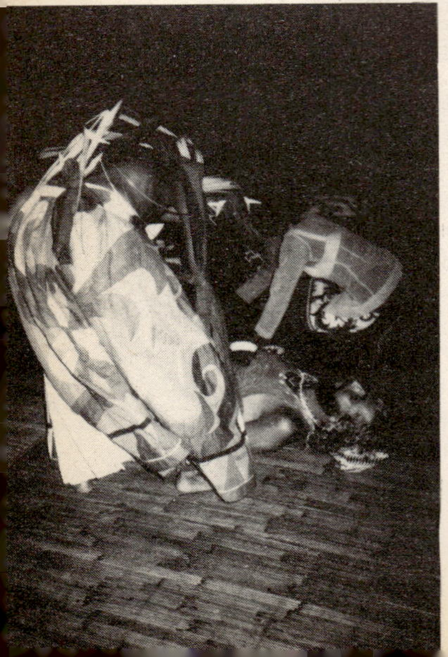

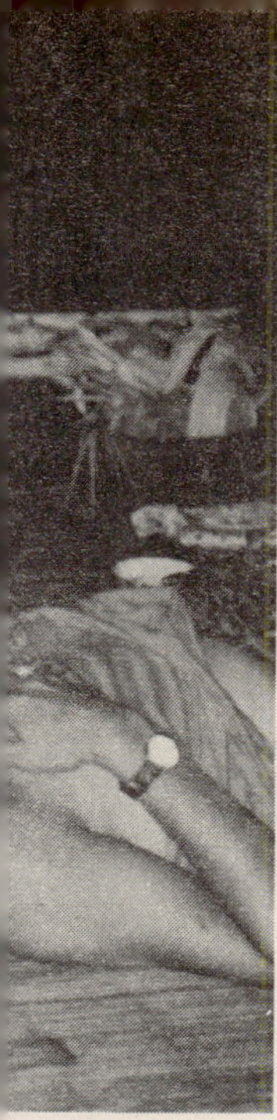

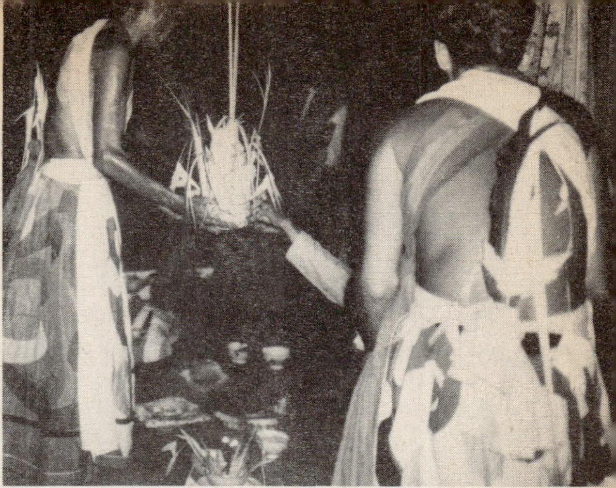

André découvrait en même temps que moi
les chamans dayaks. Plus courageux,
il se prêta à une séance d'exorcisme.
J'en suis encore à peine remis...

Le rôle du guide (homme ou femme) est multiple. D'abord, on l'a vu : mener son troupeau à bon port. Lui enseigner superficiellement les données géographiques et culturelles du pays parcouru. Juger, jauger les aptitudes physiques et morales de l'ensemble du groupe. Exiger plus ou moins d'efforts de tel ou tel, en fonction de sa résistance. Ceci pour les grandes lignes. Autrement, le guide est confronté à une foule de problèmes et tracasseries divers qui affectent ses brebis : quiconque effectue son premier voyage en groupe ignore, par exemple, où et quand s'isoler. Doit-on s'éloigner au diable, se tapir à l'abri des dunes entr'aperçues, ou bien peut-on s'accroupir derrière un buisson proche ? Quelle est la règle ? Va-t-on regarder, entendre, rester indifférent ? Certains, complexés, morts de trouille, se contiennent plusieurs jours jusqu'à ce que l'intestin explose, jusqu'à ce que l'habitude s'installe. Timoré au début, chacun acquiert peu à peu l'assurance, et l'on verra enfin les uns et les autres, au réveil, dès l'aube, s'égailler dans la nature, le sacro-saint rouleau de PQ à la main. Bientôt, on demandera même au voisin comment ça s'est passé. On saura tout de l'état des ventres, on s'apitoiera sur le sort du diarrhétique comme sur celui du constipé.

En marche, plus question de retenir ses gaz. Le randonneur est un fameux pétomane. Il faut dire que la nourriture — fayots, pâtes, galettes, viande avariée, eau pourrie — torture à foison, à poison même, les tripes et les viscères. Toutefois, il est à remarquer — et cela ne mérite pas une étude plus approfondie — que les femmes pètent moins que les hommes. A moins qu'elles ne soient plus discrètes ou plus pures car, là encore, lorsqu'il s'agit de rester quinze jours à trois semaines sans rencontrer un seul point d'eau, elles parviennent à préserver leur fraîcheur, à juguler les effluves douteux. Je les soupçonne de faire une grande consommation de Quickies, Toilettines, Fem-Fresh et autres disques de coton humidifiés qui absorbent sueur et sécrétions. Depuis peu, les hommes s'y sont mis à leur tour. Rien de plus commode pour se nettoyer les parties intimes que deux ou trois de ces disques qui vous propulsent, jusqu'au lendemain, une tornade blanche dans la culotte.

Le plus dur à récurer, curieusement, ce ne sont pas les pieds, qui s'accommodent de tout, sable chaud comme de la boue infiltrée entre les orteils, mais bien les mains. Le mieux consiste à pisser sur ses doigts. L'urine n'est peut-être pas le désinfectant idéal mais, comme disaient jadis les paysans auvergnats : « Vessie remplie, bobos guéris. » Ou encore : « Langue de chien, trousse de médecin. » A défaut de chien donc, et si l'utilisation de l'urine vous répugne, un tampon imbibé d'alcool fera l'affaire. Dans l'ordre : vodka, pisco, aguardiente, etc.

Étonnant tour de force que de réussir à ne pas puer, grâce à quelques petits trucs qui neutralisent la sudation et les excrétions !

Autres menus tracas auxquels les guides n'échappent pas : percer et désinfecter les ampoules. Panser les orteils. Extraire les épines. Masser les muscles froissés. Réparer les sacs de couchage. Resangler les sacs à dos. Dispenser encouragements et réconfort. Soigner les égratignés, consoler les chagrinés, câliner les nostalgiques. Louvoyer avec à-propos entre les pièges et les séductions de la nuit.

De même que l'adolescent se révolte contre ses parents, il arrive que certains membres de la tribu des marcheurs conspirent contre leur chef. Cela commence toujours par une rumeur ; une rumeur qui va s'amplifiant, jusqu'à venir à l'oreille du principal intéressé. Sujets majeurs de mécontentement : la nourriture trop frugale, trop mauvaise, la cadence trop dure à soutenir, les risques encourus trop grands. Dès lors, le groupe se scinde en deux : les dociles et les insoumis. Malheureusement pour les premiers, le guide, par crainte de voir ternir sa réputation, va d'abord s'attacher à satisfaire les doléances des seconds. En marche de groupe, les plus forts sont donc soumis à la loi des plus faibles.

Le guide cultive son look. S'il est vrai qu'il n'emporte ni couteau ni lampe électrique — seulement un dérisoire sac à dos et une minuscule gourde qu'il se targue de ne pas utiliser —, il est tout aussi exact qu'il ne s'embarrasse pratiquement pas d'habits de rechange. Il aime naviguer, pieds nus dans ses sandalettes, par n'importe quel temps et n'importe quel terrain — une façon de se démarquer d'une clientèle conventionnelle et petite-bourgeoise. Très vite, cependant, au moindre frottement suspect, il chaussera ses pataugas ou ses baskets. Son souci de paraître décontracté ne va pas jusqu'au martyre. A la première occasion, il boira au goulot des autres gourdes, s'éclairera à la lumière des autres torches.

Par opposition à ses séides suréquipés, le guide s'allège au maximum, sûr de ne pas éprouver les mêmes souffrances que les autres, convaincu de sa supériorité. En un sens, on le comprend. Il faut reconnaître que l'uniforme standard, revêtu sous toutes les latitudes, sous tous les climats, a quelque chose d'insupportable. Combien de marcheurs pensent encore que l'habit fait le moine ! Ils sont des flopées à se déguiser en aventuriers de quartier : bonnet de laine ou casquette de brousse, foulard noué autour du cou, chemise à carreaux (laine ou coton), culotte trois-quarts (velours bleu nuit ou toile kaki) rehaussée de longues chaussettes de bouclette rouge. Le tout couronné d'une paire de knickers ou de chaussures de montagne à lacets croisés. Sans oublier, bien sûr, la ceinture à fric, voire la banane, le K-Way et le sac à dos impeccablement disposé. Je hais les équipements imposés par une mode. La seule façon d'être dans le coup, c'est de rester en dehors de tous les coups. Alors, c'est la mode qui vous suit !

Dans les Andes, l'expression « chercher le lama bleu » est l'équivalent, chez nous, de l'expression « chercher midi à quatorze heures » avec, je crois, une notion poétique en plus. Pour un Indien, c'est une manière de compliquer le possible, une façon ironique de jouer avec un destin tracé d'avance et de prendre parfois la mesure de ses rêves.

Altiplano

Lorsqu'on a la chance d'avoir un G.R. dans sa rue, un G.R. mais oui, qui passe juste devant vos fenêtres, on est forcément amené à l'emprunter un jour ou l'autre, ne serait-ce que pour suivre, de l'intérieur de la terre, le mouvement des saisons.

Un G.R., ça n'est pas, comme les non-initiés pourraient le croire, un « Grand Rassemblement », un « Gros Rigolo », ou je ne sais quel sigle politique. Non, pas du tout, un G.R. est un sentier de « Grande Randonnée », un de ces chemins buissonniers par lesquels on traverse la France de part en part, en évitant les grands axes, les grandes villes et surtout les gros soucis.

Je sais mieux que personne, pour m'être penché en profondeur sur le problème, que, quoi que l'on fasse, que l'on pense, que l'on dise et où que l'on aille, « tous les chemins mènent à soi ». Et pourtant, la particularité philosophique du G.R. c'est justement de vous transporter hors de vous-même, hors du temps présent, et de vous aider à mettre un pied devant l'autre jusqu'à retrouver, à partir de ce simple geste, une sorte de joie primaire. Joie de s'enfoncer dans la mousse, de fouler les fougères, de patauger dans la boue, de s'embourber dans les ornières et de savoir en sortir sans pour autant appeler son psychiatre au secours.

Le G.R. non seulement vous réapprend à marcher la tête haute, mais il vous enseigne aussi à penser un peu moins bas. Ici, pas de sous-chefs de service, de patrons obsédés par le rendement, pas de politiciens assoiffés de pouvoir, pas de travelos, de loubards, de casseurs ni de terroristes. Ici, ni riche ni pauvre, ni triche ni fanfaron-

Ces momies du pays toradja sont vêtues elles aussi de leurs plus beaux habits. Les Dieux n'apprécient guère les haillons.

Une famille quechua sur le pied de fête.
Nous sommes à Hampatura
au cœur de la Cordillère : 4 700 mètres.

nade, mais rien qu'une sorte d'homme qui fait peau neuve en forêt, rien que des gens qui ont laissé leurs écailles, leurs cactus et leurs vices au vestiaire pour la journée.

Ah ! Si on pouvait marcher comme ça, droit devant soi, tous ensemble, Jaunes et Noirs, Blancs et Rouges, d'un bout de la vie à l'autre, sur les G.R. du monde, ça serait un peu mieux que d'organiser des jeux Olympiques. Au lieu de compter ses médailles, on compterait ses ampoules ; au lieu de jouer les hymnes nationaux, on écouterait la douce plainte des corps rompus avec, en fond sonore, le chant international des oiseaux.

G.R. 1

Il faut apprendre à ne pas insulter le paysage. Mais ce n'est pas tout. Si chaque groupe comporte ses fanas de chienlit, ses maniaques du classicisme, on trouve aussi, hélas ! ceux qui partent crapahuter n'importe comment avec n'importe quoi : un pantalon de ville trop large et trop long, tombant lamentablement sur des baskets crevées, un survêtement de footballeur du dimanche, d'horribles bobs, des chemisiers aux impressions bigarrées, des espadrilles défoncées, des après-ski kamikazes.

Par bonheur, le look du marcheur tend à se modifier. Les joggers y sont sans doute pour quelque chose. On voit de plus en plus — c'est mon cas — de randonneurs en baskets, short et tee-shirt. Lorsqu'il fait plus froid, un collant passé sous le short, un gros pull endossé sur le tee-shirt, feront l'affaire. Se méfier du coupe-vent qui ne fait qu'accroître la sudation sans arrêter vraiment la pluie, de la cape qui emprisonne le mouvement et augmente la condensation. Un conseil : quand il fait chaud, très chaud, marchez torse et jambes nus. Le boxer sèchera plus vite que le pantalon mouillé qui pèse des tonnes. Par temps frais, ou s'il pleut des cordes, on est malheureusement obligé de s'envelopper d'un K-Way ou d'une cape, quitte à moisir des heures entre sueur et pluie. Tant qu'on marche, on ne risque pas un refroidissement subit, mais attention ! A la moindre halte, mieux vaut se changer que de continuer à claquer des pores. A cette fin, ayez toujours dans votre sac à dos deux tee-shirts, un pull, un slip, une paire de chaussettes, le tout enveloppé dans un sac plastique. Et si ce sac est assez grand, n'hésitez pas : fourrez-y une serviette.

Pour ma part, qu'il gèle ou non, je vais jambes nues. Cela me permet d'agir plus directement sur le muscle, à l'aide d'une embrocation au menthol, au camphre et au piment. Recette maison spécialement préparée par ma pharmacienne. Une bonne application préalable de cette mixture, croyez-moi, vaut en chaleur tous les sous-vêtements du monde. Même un cheval n'y résisterait pas. A peine m'en suis-je enduit les pattes que celles-ci sont déjà comme au galop. La pêche, la moelle, c'est d'être obligé de retenir ses jambes tout comme le driver — de son sulky — retient son trotteur, l'empêchant ainsi de se mettre à la faute.

Le baume, qu'il soit de tigre ou de chat de gouttière, vaut, lui aussi, son pesant de drogue. Puissant révulsif, il est aphrodisiaque à divers titres. Passez-moi le jeu de mots mais, outre que son odeur embaume, elle réveille les sens, les ensorcelle. Rien n'est plus excitant, aux narines comme au ventre, que cette traînée camphrée qui monte des salles de massages ou qui s'étire en serpent, par monts et vaux, quand la colonne de marcheurs partis depuis la veille trébuche, au petit matin, ivre de fatigue, soûle de ces senteurs capiteuses.

Que l'on soit en groupe ne change rien à l'aventure car, au milieu du désert, un groupe est aussi fragile qu'un individu seul. Oh, bien sûr ! Les Toyota attendent quelque part en un endroit convenu d'avance, avec les jerricanes et les outres pleins d'eau, avec la nourriture et la pharmacie. C'est bon de le savoir, aussi bon que de déguster,

Premier contact avec le Népal. Ici le débarquement des groupes à l'aéroport de Katmandou. J'en fais partie...

à l'étape, le thé à la menthe préparé cérémonieusement par Larbi, le cuistot, mais cela ne suffit pas à desserrer l'étreinte angoissante qui vous attrape parfois lorsque, sous prétexte de pousser une pointe et de performer dans la fournaise, on se retrouve coupé des autres.

Sahara

« En avant ! En avant ! » cria Fantomas. Il était d'une pâleur extraordinaire comme s'il avait perdu tout son sang, mais je ne voyais pas de blessures.

Alors qu'on arrivait à la lisière du pré, la troisième section commandée par Lègue décrocha. Lègue et mon père s'engueulèrent, mais les hurlements se perdirent dans le bruit de la fusillade. Pendant ce temps les gars de Rucky tombaient, leurs habits, leur avenir étaient gris.

« On décroche ! criait Lègue, on décroche !

— En avant ! criait mon père, en avant ! »

Combien de morts ? de blessés abandonnés ? On ne savait pas. Parfois on croisait un groupe à la recherche de sa section ; on était content de les voir mais, chaque fois, les gars disaient : « Untel est mort ! Parole, je l'ai vu tomber ! »

A la fin de la journée, comme ça, de groupe en groupe, on avait pu, tant bien que mal, faire les comptes. On avait dénombré quarante-trois disparus pour dix minutes de combat. Ça faisait cher la bataille ! Nous avions marché en silence toute la journée et toute la nuit, poursuivis et même devancés par les Allemands qui dressaient des barrages sur les sentiers impraticables. Mais en fait de maquisards, ils ne voyaient débouler devant eux que des chevreuils. Car dans ces forêts, les fuyards comme les embusqués connaissaient le prix du silence. On jouait à ne plus s'entendre, à ne plus s'écouter, on jouait à l'œil, au flair, c'était une question de vue, d'odorat. En matière de sens et de fuite, nous étions bien supérieurs aux Allemands.

QUI VIVE !

Sac à dos et bagage intellectuel

Le sac à dos est au marcheur ce que la ceinture de sécurité est à l'automobiliste. Sitôt l'habitude prise, on ne peut plus s'en passer.

Bien sanglé au volant de ma voiture, il me semble que j'adhère davantage à la route. Il en va de même pour mon sac. Qu'il soit petit ou grand, selon l'importance des trajets, il me permet de coller au terrain, d'accélérer. Je marche plus vite et mieux dans ma tête en portant quinze kilos qu'en naviguant à vide. Le sac me procure l'équilibre ; il me sert de balancier lorsque je funambulise sur quelque ligne de crête. Mais il est aussi ma maison, bien sûr — tour à tour mon F3, mon palais. Plus rassurant que la tente, si fragile.

C'est encore une vraie caverne d'Ali Baba aux trésors parfois si bien cachés qu'on ne les retrouve qu'au prix de patientes recherches. Tous les randonneurs le savent. Quand il s'agit d'attraper son couteau, sa frontale, son savon, son slip, aussi bien rangés soient-ils, on ne les extirpe qu'après des fouilles fébriles. Sorte de jeu de hasard, de loterie. On tombe d'abord sur l'inutile. Ce qui nous intéresse est toujours ailleurs. Ces incursions, ces excursions de la main, voire du bras entier, confinent au furetage archéologique. On en ressort avec un caillou rose, un diamant bleu, un vieil œuf dur, un chocolat mou.

Cette résistance à livrer l'essentiel, décuple l'attachement que l'on porte à son sac. J'ai parlé de F3, de palais. C'est plus et mieux : mon lopin de terre, ma patrie, mon ambassade. A l'intérieur — un vrai capharnaüm, le grand foutoir — se dissimulent l'origine, l'identité du marcheur.

L'invention du sac à dos remonte au début du siècle. Je la tiens pour décisive. C'est autre chose qu'Ariane, que Concorde. Une radicale façon de fendre l'espace. Elle nous vient de Chine, comme presque tout. Des confins du Tibet. Chez nous, peu à peu, le sac a remplacé la musette, qui avait elle-même succédé au baluchon.

Dis-moi ce que tu portes, je ne te dirai pas forcément qui tu es mais je saurais si tu tiens à toi. Rien, pourtant, ne ressemble plus à un sac à dos qu'un autre sac à dos. Mais qu'importent la matière, l'armature, le compartimentage, la sophistication ! L'essentiel, c'est le contenu : un reflet fidèle de nos préoccupations, de nos obsessions. Outre l'indispensable — toujours le même, d'où que l'on vienne, qui que l'on soit — on trouvera toujours chez l'un davantage de livres, de guides, de cartes ; chez l'autre, davantage de douceurs, de sucreries. Parfois même l'ours en peluche de son enfance. Certains, comme moi, accrochent aux sangles des amulettes, des gris-gris.

L'enfer, c'est de marcher des semaines et des semaines sans pouvoir faire sa lessive. Cela oblige à emporter suffisamment de sous-vêtements propres tout en trimbalant un épouvantable tas de linge sale dont l'odeur vous suit à la trace comme un bon gros remords et que l'on finira, dans la plupart des cas, par jeter avant le retour. Il y a des odeurs, des taches, des poussières de chemins qui sont indélébiles et dont aucune machine, aucune poudre miracle ne viendront à bout.

Maniaquerie : j'ai mes failles, mes obsessions. Où que j'aille à travers le monde et le temps, j'emporte toujours trop de choses. L'expérience n'y fait rien. A chaque voyage, c'est le même barda, la même phobie du manque. Trop d'habits, trop de bouffe, trop de gadgets — notamment cette fameuse radio miniaturisée mais si lourde, grâce à laquelle (là encore, une manie de taille !) il m'est possible d'écouter, ondulante et lointaine, chaque nuit, chaque aube, la voix de la France.

Je ne pourrais supporter de rater l'annonce d'un événement important. L'idée qu'une catastrophe se produise à mon insu m'est intolérable. Écouter sa radio à l'étape, c'est une manière de prendre le pouls du monde, de respirer avec lui, de partager ses joies et ses souffrances.

Je crois bien, de ce point de vue, être unique en mon genre. Les autres, compagnons de route ou personnes croisées, partent au contraire pour se mettre en vacances des emmerdes, de l'événementiel. Ils veulent vivre pleinement le dépaysement. Et seraient plutôt satisfaits d'apprendre, à leur retour, qu'on a changé de République, de Constitution ou qu'ils ont échappé à une troisième guerre mondiale. Je leur accorde qu'on se passe volontiers des flagorneries électorales et des reportages insipides sur tel ou tel déplacement ministériel. Mais le reste ?

C'est au cœur de la cordillère des Andes que j'ai appris la mort de Kennedy. Je venais d'effectuer un repérage cinématographique dans une mine de cuivre où j'avais travaillé quelques années auparavant. Je descendais à pied (transistor à l'oreille) de la Disputadas de Las Condès à Santiago du Chili (80 kilomètres) quand la voix du speaker me frappa en plein cœur. Le décalage horaire se transforma soudain en décalage horreur. J'étais comme fusillé, jambes flageolantes, hébété. Finie la marche ! Je hélai le premier camion et gagnai la capitale au plus vite, pour être à ma place, parmi les hommes, la multitude. Pleurer avec elle sous le choc de la nouvelle.

J'aurais considéré comme insupportable d'être tenu à l'écart de l'information, de poursuivre ma course dans l'ignorance de ce drame, alors que les télex tombaient de la terre entière dans toutes les salles de rédaction. Je n'oublierai jamais cet à-pic enneigé surplombant la piste balisée, elle-même dominée par le va-et-vient des wagonnets célestes charriant le minerai et auxquels se suspendent aujourd'hui encore, immanquablement, la date, l'heure et le lieu du meurtre. Au nom de Kennedy répondent inévitablement les mots « Disputadas de Las Condès ». Je suis le seul à le savoir...

Et cette marche en Lozère, juste après Mai 68, où j'appris, à treize heures pile, par la voix d'André Arnaud (Europe N° 1), le déclenchement de la guerre des Six Jours ! J'étais venu oublier le chahut des haut-parleurs, le fracas des barricades. J'avais les yeux encore larmoyants des lacrymogènes, une plaie au front, un nez tuméfié. Sept jours plus tard, je me retrouvais sur le plateau du Golan. La guerre avait cessé la veille. Une chance pour moi et Israël... Une sacrée déveine pour les aubergistes de l'Ardèche auxquels, par mon départ précipité, j'ai posé un lapin historique. Par ce fait des hasards, où les ondes prennent le pas sur la marche, j'associe, depuis lors, l'État d'Israël au viaduc de Garabit. Il y a sans doute là une filiation psychanalytique intéressante à développer quand on sait que le viaduc a été construit par un certain M. Eiffel — et bâti avec le même métal que sa fameuse tour.

Bien sûr, chacun de nous élabore, sciemment ou non, de telles associations d'idées, entre sa petite musique privée et le requiem public. Pas une de nos réminiscences qui ne soit liée à tel ou tel lieu.

Pas une de nos éphémères idylles qui n'éveille le souvenir d'une chansonnette ou d'un rythme disco. En écoutant « Stranger in the Night », « Yesterday », « Let's spend the night together », « Bambino » ou plus récemment « Besoin de toi, besoin de rien », apparaissent soudain le visage d'un flirt ou le tableau hyperréaliste d'un paysage, au gré des harmonies et des boîtes. « Stranger in the Night », pour moi c'est l'Éthiopie. Une boîte à Addis-Abeba : une petite princesse dans les bras. Le frisson, l'horreur. On l'a retrouvée décapitée au lendemain du changement de régime.

« Yesterday », c'est l'Iran du Chah. Une piaule à Tabriz avec la peur au ventre et cet air sans cesse susurré d'un vieux phono mécanique.

« Bambino », ma parole ! C'est Santiago de Cuba : la caserne Monccada attaquée par les Barbudos. Castro, on ne savait pas encore qui c'était. Dalida, bien sûr, était déjà connue.

Par grâce, la mémoire du marcheur est soumise à d'autres chocs que ceux de l'événementiel. Il fait du Gracq sans le savoir, comme Monsieur Jourdain de la prose. De même que l'auteur des *Eaux étroites*, qui remontait le cours de l'Evre dans sa barque aux merveilles, débusquant au détour des collines et des étendues fuyantes des figures poétiques précises — Edgar Poe, Gérard de Nerval, Balzac — le randonneur ouvre l'album aux images et aux voix. Par quelle magie ces images et ces voix viennent-elles s'enchevêtrer dans le tissu des paysages ? C'est que l'esprit d'aventure ne va pas sans aventure de l'esprit. En Grèce, je suis avec Durrell, Henry Miller et son *Colosse de Maroussi*. En Himalaya, je chemine aux côtés d'Alexandra David-Neel et du père Huc. En Inde, avec Kipling, Conrad, M.N. Kay. Le Chili, mon Chili, ne me serait pas si cher sans Pablo Neruda et Gabriela Mistral. Ni Vladivostok sans Cendrars. Ni la Chine sans Victor Segalen, Pearl

Sorti du peloton et, du même coup, de l'anonymat, je mesurais enfin ma cote de popularité auprès des foules. Ces foules massées de chaque côté des rues, ça n'était pas le coureur de marathon qu'elles acclamaient, mais, joie exquise, délectation suprême, le coureur de prix littéraires. Entre le quinzième et le vingt et unième kilomètre, les plus pénibles, j'ai compté soixante-huit « Bravo le Têtard », deux cent un « Vas-y Jacquot », quatre-vingt-trois « Allez Lanzmann », vingt-deux « Vas-y Dutronc ».

Il me faut, hélas ! aussi citer, sportivité oblige, les innombrables « Vas-y Pépé », « Allez grand-père », les « Vas-y moustaches », « Vas-y Poupou ».

Ah ! pour y arriver à ce Père-Lachaise, et sans y rester une fois pour toutes, quelle montée, quel calvaire, mes amis ! Parvenu en haut de la boucle et devant sa porte, il ne restait qu'un kilomètre à parcourir, un seul petit kilomètre de rien du tout et, qui plus est, ça descendait ensuite jusqu'à la mairie du XIIe.

Ayant pris la boucle trop courte, et sans doute terrorisé par ce Père-Lachaise entrevu maintes fois comme une destination finale, voici que mes jambes me lâchent ou, plutôt, que des crampes les saisissent juste au-dessus des genoux et les étreignent comme pour les étrangler. Pour un peu, je me serais roulé à terre de douleur comme le font parfois les joueurs de football. Que faire ! M'arrêter si près du but, appeler le Samu ou prier les dieux ? La panique, quoi !

Rassemblant ce qui restait de cœur en moi et encouragé par un « Allez pépé, faut pas flancher », lancé par une jeune « marathoneuse », elle-même au bout du rouleau, je me laissai débouler dans l'avenue Parmentier, poursuivi par l'image de Siégel et Gorini que je pressentais derrière quelque fenêtre, à l'affût de mes faiblesses.

Marathon, 1978

Hampatura est un village du bout du monde.
Mais attention : prendre un sorcier par l'épaule est plus sorcier qu'il n'y paraît.

Le G.R. 1, celui-là même qui passe devant mes fenêtres, ce n'est pas le Népal bien sûr, et encore moins le Pérou, n'empêche qu'il est mon pain presque quotidien et que j'y pratique aussi bien la course à pied que la marche forcée. Il n'y a pas un obstacle, pas une pierre, pas une flaque d'eau que je ne sache éviter, pas un habitué que je ne salue au passage, pas un faisan des chasses présidentielles que je ne connaisse (le G.R. 1 longe les chasses de Marly-le-Roi).

Malgré tout, à chaque voyage, c'est encore et toujours la découverte, celle du site, mais aussi celle de ses possibilités physiques. Celles-ci peuvent aller du pire au meilleur car il suffit de quelques heures de sommeil en moins, d'un repas en trop, pour que les jambes ne suivent plus la tête, pour que le souffle soit si loin de nous-même que l'on n'a aucune chance de le retrouver. Sans souffle, sans jambes, le bonhomme n'a plus aucun cœur au ventre, plus aucun goût à l'ouvrage.

G.R. 1

Buck, Malraux. Ni le Kilimandjaro sans Hemingway. Ni l'Afghanistan sans Kessel. Ni l'Éthiopie sans Rimbaud. Ni le Yémen sans Monfreid. Ni la Provence sans Giono. Ni le delta du Mékong sans Lucien Bodard. Ni l'Islande sans Pierre Loti. Ni le Grand Nord sans Jack London. Ni New York sans Kafka. Ni la Californie sans Steinbek. Ni l'Amazonie sans Lévi-Strauss. Ni la Tripolitaine sans Lawrence d'Arabie. Ni le Fuji-Yama sans l'ombre sanglante de Mishima. Ni les déserts imaginaires sans Buzzati...

Les références ici ont un goût d'infini et d'aventures. Celui qui, comme moi, part à la recherche de sa « baleine blanche » a sans doute été harponné, dès son adolescence, par Herman Melville et dépecé par le capitaine Achab ! On n'en finit pas de courir après les mythes. Et pourtant — marathon perpétuel — on n'en perd jamais son souffle.

Si j'évoque hâtivement ces contrées, c'est soit que je les ai parcourues, soit que je m'apprête à les aborder. Certaines, hélas ! m'échapperont toujours. Ainsi, cette marche le long de la Grande Muraille de Chine que j'ai préparée durant des années et pour laquelle j'attends encore l'autorisation des dirigeants : cinq mille trois cents kilomètres, du désert de Gobi à la mer Jaune. Des conditions climatiques épouvantables. Grandes chaleurs des sables brûlants, grands froids des steppes de Mongolie. Grands périls. Frissons exceptionnels. Exploit sans précédent.

J'ai tout lu, tout su, tout bu, comme dit la chanson. J'ai étudié, loupe en main, de gigantesques cartes de navigation aériennes où s'étale cette énorme partie de la Chine. Laissé filé mon doigt le long de cette démentielle construction humaine — seule architecture visible depuis la lune — j'y ai parachuté en pensée plusieurs quintaux de vivres et de matériel.

Sur le papier, dans ma tête, tout était prêt. Nous partions à dix-sept : cinéaste, scribe, botaniste, cartographe, chirurgien, masseur. Il s'agissait d'une expédition luxueuse, à l'ancienne. Pas question de lésiner sur les moyens. Budget : un milliard de centimes. J'emmenais avec moi ma femme, mes enfants, un précepteur. Je n'oubliais ni porteurs, ni chameaux, ni éléphants pour les trimbaler. J'avais même l'intention d'engager — sagesse — une ou deux péripatéticiennes patentées, de ces filles qui ont le mollet dur à force de faire le trottoir, afin d'assouvir les besoins sexuels de mes compagnons célibataires. Oui, tout était prévu, léché, fignolé ; le milliard, en principe trouvé, grâce au sponsoring d'une multinationale et à un film vendu aux télés du monde entier. Manquait, seule, l'autorisation des Chinois. Elle tarde à venir... Je pense que le projet fut jugé si fou qu'il n'a même jamais été transmis à qui de droit ; les services concernés n'auront pas osé le faire parvenir à Pékin...

J'ai tellement pensé, imaginé, marché en esprit que je m'y suis vu. Que je m'y suis perdu. Paradoxe. Je ne sais plus très bien où j'en suis. Il m'arrive de m'interroger : ai-je réellement effectué cette marche ? Non, dit la raison. Oui, dit la mémoire. La preuve : je porte encore en moi les traces de cette terrible épreuve. Je me rappelle cette délirante équipée dans ses moindres détails. Je l'ai si intensément vécue qu'un de ces jours, plume en main, je vais finir par m'en faire le récit. Et c'est là où la fiction rejoint peut-être la réalité. Puis-je ainsi mystifier le lecteur, et s'agit-il vraiment d'une mystification ? Je me pose la question. Ai-je le droit moral d'écrire une histoire véridique que j'ai vécue par projection ? Dois-je, d'emblée, annoncer la couleur ou, au contraire, me cloîtrer quelque part, faire poster des lettres de Chine par quelque relation complaisante ? Ciel, mon double ! Trop tard, j'en ai déjà trop dit...

A l'heure où paraîtra ce livre, à celle où vous le lirez — c'est-à-dire là, maintenant — je serai déjà ailleurs. Pas très loin de la Grande Muraille. Itinéraire prodigieux : aller de Lhassa, capitale mythique et mystique du Tibet, à Katmandou, métropole népalaise, capitale de l'Himalaya. Je serai accompagné de quelques amis alpinistes. Ils ont fait l'Éverest, le K 2, le Dhaulagiri, le Kangchenjunga. Tous des plus de 8 000 mètres, des presque 9 000. Mais ici, rien à escalader. Seulement une sublime balade, de vallées désolées en cols de très haute altitude. Mille kilomètres d'une lumineuse palingénésie, cette régénération de soi à travers le pays des autres — le berceau du lamaïsme.

En comparaison avec la Muraille de Chine, j'ai baissé la barre. Quarante-cinq jours au lieu d'un an. Six cent mille francs au lieu de cent millions. Ni femme, ni enfants, ni précepteur. Pas de chameaux, d'éléphants. Mais quelques yaks porteurs, et un véhicule pour transporter le matériel cinématographique. Je tiendrai mon journal de route, mes carnets himalayens. J'ambitionne d'expérimenter une nouvelle méthode d'écriture « en direct », par le moyen d'un mini-magnétophone suspendu à mon cou. Ainsi pourrai-je me brancher dans le vif des sensations éprouvées à mesure de ma progression et de ma réflexion. Si réflexion il y a encore, car je ne suis pas sûr, à cette altitude, de sauvegarder mon pouvoir de concentration.

La manière m'effraie un peu. Je me méfie de cette automaïeutique qui risque de se transformer en logorrhée verbale inutilisable et couverte par le souffle rauque. N'empêche, je devrais tout de même extirper de mes tripes quelques beaux accents de vérité aux moments où, justement, ça n'est pas l'heure de faire des mots d'auteur. Je compte essayer bientôt, à l'occasion d'une randonnée non-stop de vingt-quatre heures. Entre cent et cent cinquante kilomètres d'une traite. Le genre « On achève bien les chevaux ». Voilà qui me permettra de tester mes réflexes automatiques, de photographier sur-le-champ la moindre de mes réactions, sous le regard, j'imagine ahuri, de mes compagnons.

D'ailleurs, je compte bien ajouter, à la fin de ce livre, la retranscription exacte de la bande.

Des voies ferrées boliviennes au macadam de Millau, il y a beaucoup plus qu'un pas.

Rien ne m'arrêtait, ni le « mouchard » qui tournait toujours, ni les blessés qui demandaient à boire, ni les S.S. qui dressaient des embuscades pour récupérer les fuyards. Je marchais, hagard et fou, et en marchant j'apprenais à être libre, à être moi. J'avançais léger à travers les forêts et les représailles, avec mon fusil canadien sur l'épaule et ma musette au bout du canon qui faisait baluchon. Je ne connaissais pas la région ni l'orientation, peut-être même que je tournais en rond, mais l'important c'était d'attendre la nuit parce que, la nuit, il y a des étoiles et que les étoiles, quand elles ne filent pas, ça sert à se diriger.

LE TÊTARD

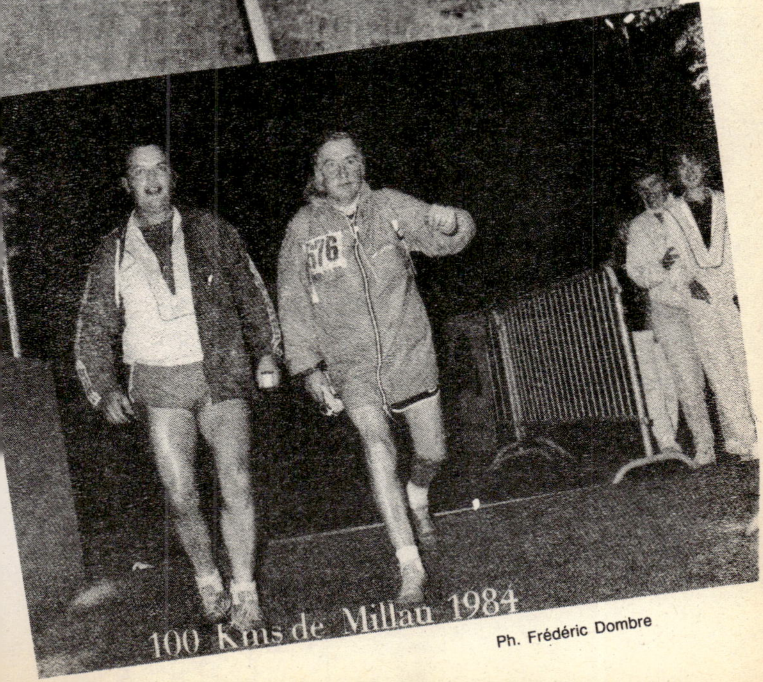

Ph. Frédéric Dombre

En moins de deux heures, je grimpai de la jungle chaude vers la terre froide. Le passage s'était fait au travers d'un épais brouillard, de sorte que lorsque j'aperçus Papantla, j'eus l'impression de revenir du ciel. Mort dans la plaine à minuit, voici que je ressuscitais au petit matin mexicain dans un paysage de boue et de pipelines rouillés. La pluie tombait sur le pétrole qui coulait et l'odeur qui se dégageait des régimes pourris combattait curieusement le goût amer et définitif du liquide enflammé. Cela sentait à la fois la cave et le mort, et les derricks qui n'arrêtaient pas de pisser d'émotion semblaient veiller la courte agonie de la nature.

Montant de la jungle compliquée pour finalement sortir des nuages, je fus stupéfait de ne pas trouver ici la violence à laquelle je m'étais déjà accoutumé. La douceur maladive du lieu me terrassa, et je fus obligé de m'asseoir pour réfléchir.

Dans la plaine, je m'étais débattu et battu, allant par bonds à la recherche d'un contact humain qui se dérobait, j'étais l'étranger, donc un Américain, un homme voyant qui enjambait la nature, au lieu de se fondre en elle. Mon sourire dut bientôt se transformer en grimace et ma visite en guerre. J'étais venu dans la région de Papantla pour causer avec la pyramide de Tajin. Les monuments ne me disent rien, c'est moi qui leur parle, qui les fixe et les tâte. Je préfère tâter le monument plutôt que de me faire photographier sur lui. Les mains sont aussi sensibles que les pieds et je me nourris en les frottant de la poussière des siècles qui se perd dans les paumes.

Mexique, 1958

Fulgurance et endurance

Ce type de marche ne prétend pas figurer dans le livre des records. En ce qui concerne la durée, la résistance, je suis très au-dessous des spécialistes. Ces derniers temps, en participant à des compétitions telles que les Cent kilomètres de Millau, le Thiers-Roanne, le Paris-Mantes, les Cent kilomètres de Bernay, je me suis aperçu que la France est littéralement quadrillée de sociétés de marche. Tout service public, toute société privée, toute multinationale — des postiers aux cheminots, en passant par le personnel des banques — possède son club. Il faut aussi compter avec les nombreux membres des fédérations pédestres, nationales, départementales, locales. Il existe même une association de randonneurs juifs de l'Ile-de-France. En exergue à leur programme, l'une de mes phrases : « Il serait temps de réapprendre à marcher au peuple juif. » Cette citation est extraite d'une interview accordée au journal *Le Monde*. Hors de son contexte, elle peut surprendre par sa banalité.

J'ai eu l'occasion de rencontrer ces randonneurs juifs et de m'élancer avec eux — une trentaine — entre Bernay et Deauville. Très sympas. Nous sommes arrivés à trois, longtemps, très longtemps avant le gros de la troupe. Ça traînait dur derrière, avec arrêts pique-nique, petites siestes et gentils flirts. Quand un marcheur du dimanche rencontre une marcheuse du samedi soir, ils ne se racontent pas seulement des histoires de marche. Ils font souvent les cent pas d'une intimité et d'une solitude à l'autre.

Les Audax, c'est autre chose. Organisation discrète, presque occulte, mais qui a su tisser à travers le pays, un extraordinaire réseau de Q.G. dont les « généraux » sont chargés d'un recrutement de caractère nettement élitiste. Faire partie des Audax, c'est adhérer à la secte des sectes, au Rotary, au Lyons des marcheurs. Ne voyez là rien de péjoratif. On est soumis à des règles strictes, à une draconienne hygiène mentale et physique. Donner le meilleur de soi-même au groupe. Ne dépasser, sous aucun prétexte, son chef de marche. C'est lui qui donne l'allure, la cadence. Lui encore, qui impose les temps de pause, qui remet les médailles, qui inflige les sanctions. Le cauchemar pour un être épris de liberté ! Le bonheur pour un être épris d'encadrement. Jeune ou vieux, un Audax se révèle toujours extrêmement performant. Il a accroché à son palmarès plusieurs brevets — des Soixante-dix, des Cent kilomètres. Il détient également des Cent trente, voire des Cent cinquante. Mais, pour ce qui est de la fantaisie — et malgré l'âge avancé, les distances parcourues — c'est plutôt la sévérité que la franche rigolade. La marche à l'économie plutôt qu'à la défonce.

Lorsque, en février dernier, j'ai organisé, pour la première fois, les Cent kilomètres de Bernay, avec une trentaine de copains — *Paris-Normandie* en avait fait l'annonce — quelle ne fut pas ma surprise de trouver, dès six heures du matin, à la sortie de l'hôtel où nous avions passé la nuit, cinq drôles de bonshommes, la soixantaine, mains dans les poches, en tenue de ville si l'on excepte les baskets. Pas le plus petit sac à dos, la moindre gourde. Aucune provision de bouche. L'un deux, naturel, s'avance vers moi et déclare :

« Si vous n'y voyez pas d'inconvénient, nous aimerions être des vôtres. »

Je les regarde, un peu méprisant, et rétorque :

« Faites ce que vous voulez, mais ne comptez pas sur moi pour vous prendre en charge. (Puis j'ajoutai :) Vous n'avez rien apporté à boire, à manger ?

— Vous savez, on a l'habitude, on n'a besoin de rien. »

J'étais scié, persuadé que ces types étaient des rigolos, qu'ils allaient abandonner au vingtième kilomètre.

Malheureux. Quelle leçon ! C'étaient des Audax à la retraite. Des bêtes, de superbes phénomènes. Sur cent kilomètres, ils m'ont pris une heure. Sans rien boire, sans rien manger, sans rien porter.

L'un d'eux, Pierre, en était à son deux centième Cent kilomètres non-stop. Je ne sais rien d'autre à leur sujet. Nous n'avons pas échangé une parole de plus. Ils venaient du Havre. J'aurais voulu les féliciter, les revoir, me mesurer de nouveau à eux. J'espère qu'ils liront ce livre et qu'ils m'écriront.

Ce jour-là, il y avait un autre type étonnant. Robert, soixante-huit ans. Marathonien. Toujours bien placé parmi les vétérans. Il en était à son trois centième semi-marathon (21,5 km), mais c'était la première fois qu'il participait à une marche de cent kilomètres. Mini-sac à dos, banane autour de la taille, casquette ajourée, survêtement soigné, tennis neufs, Robert faisait tout de même son âge, malgré ses étonnements d'enfant et sa fraîcheur d'esprit. Du soixante-cinquième au quatre-vingt-cinquième kilomètre, nous avons fait chemin ensemble. Il n'arrêtait pas de s'exclamer :

« Oh, Jacques, oh, Jacques, si je tiens la distance, si j'arrive au bout, eh bien, ce sera le plus beau jour de ma vie ! »

Parole ! Il a tenu la distance.

Il en a même pleuré de joie. Le lendemain, après avoir fait le poirier durant près d'une heure — c'est

J'ai marché toute la journée dans les bois et le long des vicinales avec l'idée de me rendre jusqu'à Clermont-Ferrand pour y retrouver mon frère. Ça devait prendre trois jours par la nationale mais, comme rien ne me pressait, je m'étais mis à vagabonder, savourant pour la première fois la rigueur de l'hiver, m'amusant des ruisseaux gelés et des congères, ces dunes de neige qu'il fallait contourner sous peine d'y laisser ses pieds et ses sabots. La liberté, c'était donc cela : aimer ce qu'on avait craint, avoir chaud quand il fait froid, marcher sans aller nulle part, avoir la tête et le sexe au repos. Ma parole, je n'en revenais pas de me sentir aussi simplement libre.

LE TÊTARD

un adepte du yoga — il participait à un semi-marathon dont il n'avait pu se dégager.

Moi, bien entendu, j'étais déjà rentré à la maison. Je dormais depuis longtemps...

Mais revenons aux Cent kilomètres de Bernay. D'autres surprises m'attendaient. Des alpinistes de mes amis, montagnards habitués au surpassement de soi, abandonnèrent en série. Le macadam, la route ne leur convenaient pas. Ils préféraient les falaises, les escarpements, les glaciers, les abîmes. La conviction leur manquait, l'environnement leur déplaisait. Si l'on ajoute à cela que l'un d'eux, je l'ignorais alors, avait eu les pieds gelés en ascensionnant l'Everest, on comprend les défaillances. Lorsque l'habitude est prise de naviguer en altitude, on ne sort que très difficilement de son pas et de son rythme. C'est une affaire de cœur, de circulation sanguine, d'oxygénation, mais aussi d'esthétique et de philosophie.

Un mois et demi plus tard, c'était le Paris-Mantes. Entre-temps, j'étais allé m'entraîner sur le G.R. 13

qui traverse le parc naturel du Morvan. La neige, le brouillard ; une solitude pratiquement himalayenne. Rien à voir avec les cinquante-quatre bornes à couvrir en moins de huit heures. Et de nuit. Ça aussi c'est l'aventure. L'une des rares épreuves clefs où les clubs de marche déboulent des quatre coins de la France, invités par les Mantais — sans doute les mieux préparés, les mieux organisés en matière de compétition.

Écrasés de lumière et de vibrations, brûlés d'une sueur salée qui laissait des traînées blanches dans le dos et irritait l'entrejambe, ils avançaient, comme surexposés derrière les verres embués de leurs lunettes de glacier. Chacun d'eux portait un jerricane à bretelles d'une contenance de dix litres. Pour ce premier jour de marche, Max visait grand. Ne s'était-il pas fourré dans la tête d'aller d'Ein Boqueq à Massada et de se hisser, pendant qu'il y était, jusqu'au sommet ? Oh certes, quinze kilomètres, pensait-il, ce n'est pas la mer Morte à boire.

Parti d'un bon pas, entraînant les autres de sa voix, il s'était calmé au fur et à mesure que montait le soleil.

Obligés de suivre la route asphaltée, seule voie de communication accessible et permise, ils avaient eu à pâtir du goudron surchauffé qui leur renvoyait à la gueule des bouffées d'haleine asphyxiante.

LE SEPTIÈME CIEL

Entre sept et neuf mille concurrents massés place Marcel-Sembat à Boulogne-Billancourt et qui sont lâchés, sur le coup de minuit, comme des bolides de formule 1, à travers les rues et les avenues de la banlieue Ouest : Saint-Cloud, Vaucresson,

Et juste au moment où je m'endormais, voici que le refuge de Kibo tremble sur ses bases. Il n'est que 2 heures du matin, mais — vieille habitude alpine — les Suisses, les Allemands et les Autrichiens sont déjà à pied d'œuvre, cagoulés et cramponnés. Dehors, il fait environ – 20 °C tandis qu'à 50 km de là, en plein pays masaï, le mercure s'apprête à sauter dans les thermomètres.
Plus intelligents parce que moins bien nourris que nos compagnons de refuge, nous partons au lever du soleil. Le soleil, d'ailleurs, nous poussera au cul.

Kilimandjaro

Noisy, Mantes, etc. Impressionnant défilé de lucioles qui répand sur son passage des effluves d'embrocation à rendre jalouses toutes les princesses d'Arabie. Je troque tous les jasmins, tous les ambres, tous les chypres du monde contre ces parfums brassés de sueur et de menthe, et qui vous prennent aux boyaux avant de vous sauter aux muscles.

Voilà pourtant une épreuve à laquelle on ne me reprendra pas. Bien sûr, c'est chouette, c'est marrant. On folklorise — mais trop, c'est trop. On piétine derrière des bouchons de chair humaine. Impossible de se faufiler loyalement : il faut tricher, jouer des coudes, faire trébucher.

Cinquante-quatre kilomètres, pour moi, c'est une bagatelle. A la portée de tout un chacun — pour peu qu'il soit convenablement entraîné. Nous étions six « Marcheurs du septième ciel », ma propre société de marche. Nous n'avions emmené qu'une gourde de café, quelques barres énergétiques à la pâte d'amandes et aux germes de blé. C'était encore beaucoup à côté de ce qu'apportent les Audax. Et, cependant, ce n'était rien, mais vraiment rien, par rapport à la grande bouffe qui se préparait tout le long de la route. Chaque club possédait son camion suiveur où trônaient, à l'étal, comme chez le charcutier ou chez le fromager, des monceaux de victuailles à vous mettre l'eau à la bouche et l'estomac dans les talons : tonnes de saucisson, de jambon, d'œufs durs, de poulet, de rosbeef, de frometons... Lacs de chocolat chaud, de thé, de café, de boissons glucosées... Des masseurs, des infirmiers, des secouristes à revendre, des Samu à foison — à croire que toutes les sociétés de marche avaient cassé leur tirelire pour se payer l'aventure de l'année, leur orgie en sous-bois.

Dès le vingt-cinquième kilomètre, et à force de voir les autres bâfrer aux comptoirs ambulants, j'accusais une terrible fringale, me retenant pour ne pas quémander un Paris-beurre. N'importe quoi : une pomme, une épluchure. En course, la mendicité est mal vue. Chacun pour soi et Dieu par-dessus. Cette nuit-là, une fois n'est pas coutume, l'armée fut mon Dieu à moi : des militaires qui tenaient un stand en bout de village, gradés, emmitouflés dans leur parka kaki, me sauvèrent la mise. Ça n'était pas l'Éthiopie mais tout comme. Agglutinés à ce stand miracle, véritable antenne à bouffe, se pressaient plein d'orphelins qui, à mon mauvais exemple, n'étaient affiliés à aucune de ces associations prodigues.

A fond de compteur, la Toyota s'engagea sur les toboggans de dunes et fila, peu après, pneus crissants, sur un sable dur. Mais la gazelle, presque aussi rapide que la jeep, savait parfaitement évaluer le danger et parvenait, au dernier moment, à éviter le pare-chocs.

Redoutant le carnage et la collision — les deux Land s'étant mises de la partie — nous étions tous accrochés aux portières, priant quelque divinité intérieure afin que la boucherie n'ait pas lieu. Pied au plancher, les chauffeurs se grisaient de cette chasse moderne que l'on ne peut évidemment pratiquer à dos de chameau. C'était à leur tour de nous donner cours de drague et leçons de conduite. Oh ! bien sûr, cette sorte de mise à mort en jeep n'est pas le meilleur souvenir que je garde de la randonnée saharienne. Il n'empêche que, pour un marcheur, la Land, Toyota ou Rover, présente l'énorme avantage de le propulser, en une ou deux heures, d'un endroit extraordinaire à un autre endroit encore plus extraordinaire. Il arrive qu'un désert que l'on croit uniforme à l'infini se transforme en paysage extravagant, sans que l'on ait nécessairement la berlue provoquée par un mirage.

C'est donc pour aller plus vite et plus loin, plus à fond dans la démesure, que j'ai accepté d'entendre quelque peu le ronronnement d'un moteur plutôt que d'écouter blatérer les chameaux. Mais, une fois déposé en un lieu que nul n'a foulé, le marcheur, qu'il soit expérimenté ou débutant, se laissera aller, par cinquante degrés, comme dans la fraîche des nuits, à la plus intense des jubilations jamais ressenties.

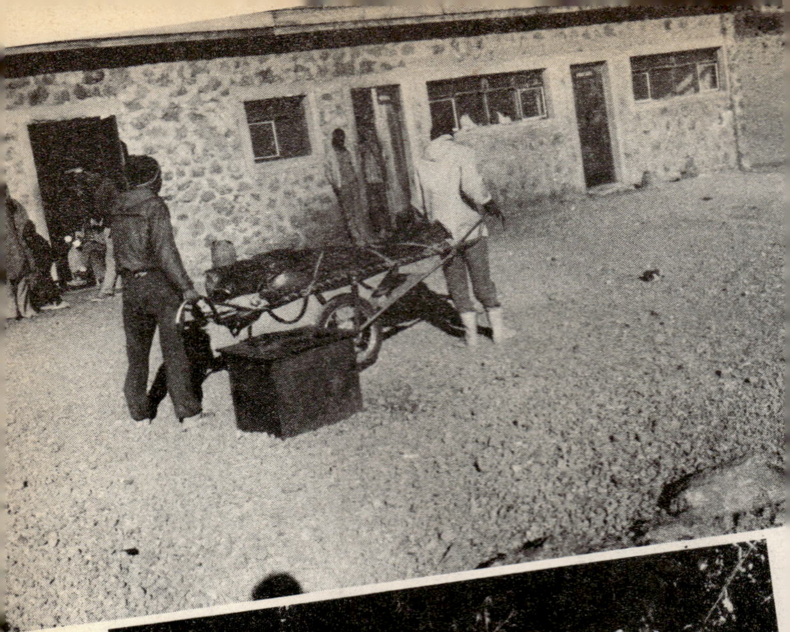

La mort en ce chariot.
La mort derrière cette main.
Elle rôde du Kilimandjaro au pays dayak.

Au bout de soi-même et de l'autre

Je me suis foutu une drôle d'idée dans la tête. Elle vaut ce qu'elle vaut. Très chère, assurément, et je ne vois pas quel éditeur serait capable de la financer ? Quel juriste serait à même d'en cautionner l'enjeu moral ? Quel designer de génie saurait me dessiner les baskets à la mesure du projet et m'en fabriquer d'assez solides.

Quoi qu'il en soit, je me jette à l'eau et je descends jusqu'aux sources de la Mahakam faire ami-ami avec un Dayak. Je prends, si possible, le chaman, le sorcier, l'un de ces hommes qui sait lire en lui et dans les autres. Un guérisseur-exorciseur, un coupeur de diables en morceaux, un démultiplicateur de dieux.

Je le persuade de partir, juste lui et moi, ensemble, pour un voyage du bout du monde, une expédition à travers le temps et les âges.

Formidable retour en arrière : volte-face des cultures. Coup de grisou dans la galerie où chacun creuse son identité comme un forcené.

Le convaincre de quitter sa famille, son pays, pour se lancer dans une folle sarabande de l'autre côté de son continent. Idée insensée mais ô combien grisante. Une virée à tout casser, à tout berzingue.

Lui faire descendre l'Amérique, de l'Alaska à la Terre de Feu. Le présenter à ses frères aînés, ceux qui, voici des siècles et des siècles, peut-être même des millénaires, se sont aventurés par le détroit de Behring.

Prendre le temps comme il vient, les populations

comme elles sont. Aller tous deux, main dans la main, par les glaces et les jungles, les forêts et les cordillères. Le confronter aux autres. Étudier ses réactions, mouvements d'humeur, rires, bien-être. Tout noter, annoter. Tout consigner, répertorier. Être à l'affût de ses émotions. Trouver ses endroits de pause et d'étonnement. Ses points de repère, de comparaison. Nous irions, j'en suis sûr, de surprise en surprise, ou plutôt de constat en constat, car mon Dayak de Bornéo ou mon Tibétain de Lhassa, si vous préférez, se reconnaîtra, tantôt à coup sûr, tantôt par à-coups, dans le sérail des populations visitées. Le Dayak aura des affinités avec le Peau-Rouge, qu'il soit Sioux, Cheyenne, Hopi ou Mohave des réserves yankees mais il sentira aussi son cœur battre à cent à l'heure et la fièvre lui monter aux joues quand il croisera le Yanomani brésilien, le Roucouyene, le Wayana de Guyane, le Guarani paraguayen.

Le Tibétain, lui, se retrouvera quasiment en famille chez les Quechuas du Pérou, les Amaras de Bolivie.

Plateaux himalayens ou plateaux andins : même type de vie, même type physique, même combat contre l'inégalité, l'altitude, la solitude.

Retrouver son frère, son âme sœur. Échanger des sourires, des prières. Troquer ses amulettes, ses gris-gris. S'apercevoir que les mêmes fétiches sont ficelés dans la même boule de cuir.

Ah ! Quelle marche. Quel livre ! Aller et venir sans cesse de peuple en peuple, d'un bout à l'autre du continent américain jusqu'au jour où le chaman dayak désignera vraiment son frère de sang et de mœurs. Réaliser enfin des races par le détroit des instincts. Revenir alors flanqué de ces deux frères sur la terre d'origine. Descendre à nouveau le fleuve Mahakam jusqu'à sa source et recommencer l'expérience en sens inverse. Faire traverser l'Asie à l'Indien d'Amérique. Saut de puce de l'Indonésie au Viêt-nam, du Laos au Cambodge. Bond de géant des faubourgs de Pékin aux steppes de Mandchourie.

Prendre une caravane en Tartarie. Gagner l'Iran, l'Afghanistan. Puis, entrer aux Indes par Lahore, la grande porte quoi !

Je pense sérieusement que j'aurais là de quoi m'occuper le restant de ma vie. Encore me faudrait-il apprendre cent langues, comprendre mille dialectes. Ou bien alors, plus rationnel, m'entourer de spécialistes : ethnologues, anthropologues, linguistes, traducteurs. Sans oublier, bien sûr, quel-

---

A Tam', étrange et captivante cité ocre où les Touaregs règnent en maîtres, le visage caché derrière leur chèche qui n'est pas forcément bleu, je rencontre un académicien célèbre et un architecte « beaubourien » non moins célèbre. Tous deux, escortés de leur smala « vuitonienne », s'apprêtent à répondre « présent », comme nous tous, à l'appel du désert. Ils partiront en Land vers le Niger tandis que nous prenons plus sagement nos quartiers au nouveau campement des Zéribas.

N'y voyez rien de péjoratif car ce campement est un lieu hautement pittoresque, et même assez confortable, où tous ceux qui traversent le désert — chameliers, routiers, touristes, motards et trafiquants de vieilles 404 — viennent se reposer ou faire la fête. C'est de ce campement des Zéribas que partent toutes les expéditions du centre de la Terre. Il est oasis et havre de paix, mais il est aussi lieu de rencontre et d'échanges où courent les histoires les plus merveilleuses comme les rumeurs les plus folles.

Sahara

ques grands détectives de l'âme humaine, ainsi qu'une pléthore de pédicures chinois et de défroisseurs de muscles...

A Sainte-Ylpise, Bisson perdit son rêve. Il m'avait raconté son village, décrit la ferme de son père, parlé de la couleur des champs, de la douceur de l'herbe, d'un certain velouté du ciel ; il m'avait vanté, chanté son pays. En fait, son pays ce n'était pas grand-chose, il était ni plus ni moins égal à tous les pays, à tous les villages que nous avions traversés et, comme je n'arrivais pas à m'extasier sur les lieux, il les avait repensés et les lieux de son enfance lui étaient apparus dans leur juste dimension, une dimension banale, normale, moyenne en tout. Même la ferme familiale, que sa garce de mère avait vendue, lui semblait trop serrée dans ses murs, pas assez étirée sur les prés. Il comprenait maintenant pourquoi le bonheur, son bonheur, avait été étouffé par la mesquinerie de la dimension. Son enfance, sa ferme, son ciel, tout cela ne vivait large, n'était coloré, que dans sa tête. Je m'en étais voulu de ne pas avoir joué son rêve. Nous avons marché longtemps, plus de trois jours, silencieux, recueillis comme des pèlerins. Et puis, à l'aube du quatrième jour, Bisson s'est réveillé en jurant, il cria de toutes ses forces un : « Putain de couillon ! » à la campagne encore endormie, il se précipita vers des vaches au pacage, il avait besoin de lait, de pureté. Agenouillé sous un pis, il avait trait longtemps dans sa bouche, jusqu'à plus soif, jusqu'à ce que le rire débordât lui aussi de ses dents blanches. La crise était passée.

QUI VIVE !

L'imprévisible

Hélas ! j'ai bien peur que pédicures et défroisseurs de muscles ne basculent avec le pot au lait de Perrette : adieu veaux, vaches, cochons, Himalaya, Altiplano et steppes de Mongolie !

Je rentre à l'instant d'un trek à l'île de la Réunion. Trois jours de marche m'ont usé comme jamais. A moins que je ne sois déjà usé. Bon à jeter derrière quelque buisson comme un chat crevé ou une vieille capote anglaise.

Qui sait si la Réunion n'a pas été le révélateur, ce petit plus qui fait les grands vides. Étrange histoire !

L'île est belle. Ne se livre pas au premier venu. Se révèle lorsqu'on la mérite. Une île à vivre, pas une île à visiter. Ici, chaque aube m'apporte sa nouvelle haleine. C'est parfois celle du cari au gingembre, celle de la goyave un peu trop mûre. Celle du rougail et des achards. Parfois encore, une bouffée de vanille fraîche, un léger souffle au citron vert. Une île qui s'embrasse à pleine bouche tandis qu'on se la coltine, qu'on se la crapahute.

J'étais parti de Cilaos avec Yves et Blandine, deux Réunionnais de pure souche. Un peu trop vite peut-être. Un peu trop lourdement chargé. Une heure plus tard, dans un passage étroit et escarpé, un boyau à racines et à fougères, voici que je suis pris d'une vive douleur au genou. Douleur supportable en plat comme en montée mais invivable en descente. De quoi se flinguer sur-le-champ entre rangées de canne à sucre et forêt de pandanus. La souffrance des souffrances. L'humiliation des humiliations : ne plus être à la hauteur de sa réputation. Tout juste à celle d'un boiteux geignard. En ma compagnie, Yves, la quarantaine, un avaleur de kilomètres, un fameux baliseur de sentiers. On lui doit un parcours hors pair, des dénivellations vicieuses où même un porteur népalais rechignerait à s'engager.

Je traîne la patte. Je me sens gêné envers Yves. Encore plus envers Blandine. Une ravissante créature que les responsables du tourisme ont fait descendre dans ma fosse aux lions. Elle est si naturelle, si discrètement provocante que je n'en ferais qu'une bouchée : coups de patte, coups de griffes, coups de langue.

Je lutte contre le désir de me relâcher et la volonté de tenir. J'hésite ! Surtout, ne pas me laisser impressionner par la douleur. Ne pas céder le premier. Leur en donner à découdre et à réfléchir sur les capacités exceptionnelles de cette espèce de Z'oreille aux pieds légendaires. Z'oreille, c'est ainsi que les Créoles de l'île appellent les métropolitains.

Tenir coûte que coûte. Juguler le mal. Le compresser, le concentrer à l'intérieur de la rotule. Lui foutre sur la gueule, le mater, le bander, le bâillonner.

Sans pratiquer yoga ou zen, j'ai déjà réussi ce tour de force. Il est vrai que c'était au Sinaï et que les déserts bibliques sont propices aux miracles. Se détacher de son corps et s'élever par-delà ses misères terrestres. Il ne s'agissait sans doute que d'une impression mais qu'importe puisque l'impression menait à l'état de grâce.

Réunion et désert du Sinaï n'ont rien de commun — l'une crache sa lave, l'autre éparpille son sable — et pourtant, alors que je me préparais à baisser la garde sur mon genou blessé, à compter les

Quelques minutes pour manger. Se reposer les jambes. On s'engouffre dans le premier warong venu. La nourriture est géniale : riz et poulet compressés dans une feuille de bananier. Poulet, chien ou singe ? Peu importe. Seule compte la beauté de l'emballage. Et puis il y a ce piment divin. Le fameux sambal qui parfume la gorge et incendie les tripes.

Là encore, à l'intérieur de cette gargote, on nous touche, on nous tripote. Mais quelle pudeur ! Quelle noblesse du geste ! L'arrière-pensée n'a pas cours en Indonésie. Encore moins à Bornéo où la spontanéité est monnaie courante. Autrement plus cotée que la roupie. Le peuple le mieux élevé du monde. Pas une moquerie. Point d'ironie. Personne pour me demander mon âge. S'étonner de mes rides, de mes moustaches, de mes taches de rousseur. La gentillesse à l'état brut. Un fond en or. Pour le moins du dix-huit carats.

Bornéo

points de mon propre K.O., miracle ! je vois Yves qui se contorsionne. Pris de crampes aux cuisses, il tente de faire lâcher le croc des chiens-loups qui déchirent ses muscles. Les salauds y sont suspendus comme des chacals au flanc d'une gazelle. Pas moyen de les écarter. Ils sont assoiffés de sang, de chair fraîche. Ils en ont marre du glucose, du calcium, du magnésium. Marre de bouffer des vitamines A, des vitamines C, des vitamines B. Ils veulent, les chiens, s'empiffrer de ce tord-boyaux des cuisses et n'auront de cesse de harceler Yves jusqu'au soir. Il tiendra bien sûr. Il tiendra même longtemps comme a tenu la chèvre de Monsieur

Seguin, mais les salauds finiront par l'achever dans la nuit. Et rien n'y fera. Ni son courage, ni mon baume, ni mes amulettes, mes gris-gris, mes massages.

Aussitôt, dès les premières morsures, j'avoue ma faiblesse. Je lui échange le genou contre les cuisses. Une manière honorable de m'en tirer. Une façon non moins honorable de l'aider à admettre sa défaillance. Il est là, sur le bord du chemin, à chercher des explications, des excuses. Je suis là avec lui, grimaçant tant que ça peut, incapable de placer un pas devant l'autre. La belle machine des mâles s'est rouillée. Pétées les courroies de transmission. Sautée la dentition des engrenages.

Blandine nous regarde avec étonnement. Comment est-ce possible ! Elle s'assied à nos côtés. Et

puis tout à coup, à peine est-elle posée, la voilà qui s'appuie à mon épaule et s'endort. Mais de quoi rêve donc sainte Blandine de la Réunion ? Je n'ose y penser.

Mais que se passe-t-il donc bon Dieu ? Yves est un guide entraîné, endurci. Il a tracé et répertorié les sentiers de l'île. Un guide qui est sans cesse sur ces chemins de paix. Moi-même, n'ai-je pas bourlingué tous azimuts, sévi dans le tout-terrain, traversé toutes les natures sans avoir jamais ressenti semblable douleur ? Quant à Blandine, vingt-deux ans, du charme et de l'énergie à revendre, je vous assure qu'elle ne fait pas semblant de dormir. Elle est bel et bien assoupie malgré sa force et sa jeunesse. Elle est vitaminée jusqu'à la moelle, jusqu'au bout des ongles. Gorgée de mangues et de goyaves, de papayes et de litchis. Elle est dorée sur tranches au soleil indien. Salée, ambrée au goût, aux couleurs, aux contours de la houle tumultueuse. Elle a tout Blandine. Tout pour elle et, qui sait, peut-être même un petit quelque chose pour les autres. Ah ! surfer dans sa vague, boire la tasse dans ses bras. N'empêche ! Elle a cédé sous la pression du chemin, pas sous la mienne. Alors ! Je crois qu'il faut se rendre à l'évidence. Ce sentier pris à Cilaos et qui nous mènera, vaille que vaille, au-delà du Bord Marin, vers le Piton d'Enchaing, est l'un des plus durs, des plus ardus qu'il m'ait été donné de pratiquer. Petite leçon, petite morale : chaque sentier mérite sa reconnaissance spécifique, sa technique personnelle d'approche. Trop pressés de nous mesurer à lui, faute d'avoir su l'aborder, il nous a débordés.

J'espère que mon genou n'y restera pas. Je prie pour qu'on me le rende : arthrose, ménisque ou cancer ? De grâce, Monsieur le Grand Arpenteur, donnez-moi encore deux ans. Rien que deux petites années de marches et de crèves.

Marcher pour imposer silence aux souvenirs qui gigotent et aux envies qui croupissent dans le marais aux névroses. Écraser d'un coup de pied la fourmilière des pulsions déglinguées. Marcher jusqu'à la capilotade et devenir marionnette, pantin de bric et de chocs, cathédrale dévastée, bastion armé et crouler sous l'empire de soi...

Carnets de toutes les routes

impressions fugitives

Je ne me suis jamais senti aussi bien. Je traîne, je flâne. De temps en temps, je me récompense d'une gorgée de vodka. Alors je pousse une pointe pour tester les effets de l'alcool sur mon fantastique cœur d'acier. Et dire que j'ai été atteint jadis d'une maladie prétendument incurable, le « wolff Parkinson white », et que les cardiologues chiliens me considéraient infirme à vingt-quatre ans ! Les toubibs ont même édité une brochure spéciale traitant de mes crises de tachycardie paroxystiques.

Kibo Hut : 4 703 m. C'est la dernière étape avant l'ultime assaut. Un palace à côté de la hutte en tôle du mont Mawenzi, mais un palace sans rien, ou presque, à se mettre sous la dent. La viande fraîche, la salade et les fruits sont tombés dans le domaine des grands mythes de l'histoire.

L'altitude me tord les boyaux. Je n'ai jamais eu aussi faim depuis vingt-cinq ans. Même pas une tasse de thé. On est obligé de mendier une boisson chaude auprès des Allemands. On clochardise au flanc d'une des montagnes les plus magiques du monde, et c'est vraiment dommage.

Au fond, je m'en fous, je devrais encore avoir assez de forces pour attaquer la dernière étape qui va me permettre de passer en douceur de 4 703 m à 5 900 m et des poussières. En fait, je ne pense qu'à ça et je ne suis pas le seul. Les obsédés des cimes sont légion. Nous sommes une trentaine à Kibo Hut. Des gens de tout âge et de tout poil. Peut-être suis-je le plus vieux ? Je n'en sais rien. Tous vont et viennent, prenant la mesure, la température de leur ardeur.

Kilimandjaro

Zanzibar : un porte-rêves d'où la légende ne décollerait plus. Zanzibar, c'est le mythe bouffé aux mites. Le néant, le négatif des souvenirs impressionnés.

Malgré tout on est sous le charme de ce coup de rouille où le rétro, lui aussi, grince des dents.

Ici, les restes n'évoquent guère. Ils sont déjà rongés jusqu'à l'os : Palais des Sultans, Marché aux Esclaves, Prisons de Nègres. Davantage de plaques que de pierres, d'écriteaux que d'histoires écrites. Et puis cette rouille, toujours cette rouille, cette moisissure, cette lèpre qui attaque les constructions comme les voyageurs. Mais où sont donc passés les cargos ivres, les bigarrures, la soldatesque arabisante, les gouverneurs de la démence, les coloniales lascives, les putes à feu et à sang, les eunuques au sexe de bronze ? Mais où êtes-vous matelots dépravés, bourlingueurs de l'alphabet, orpailleurs des océans mauves, aventuriers aux grands pieds puants ?

Êtes-vous prisonniers de votre propre rouille ? Jetés aux requins avec les pages arrachées de nos livres ? Ou bien, résidez-vous, messieurs, loin des quais et des estaminets, dans ces quelques cases de terre et de palmes, noyées sous la verdure de l'intérieur ?

Une verdure qui embrase l'île de son ardeur. Ici, la flore a gagné sur la rouille. La pureté sur le pourri. On y sent le giroflier à plein nez, la cannelle à plein temps. Le poivré, le musqué des essences essentielles vous montent à la tête. Odeurs capiteuses, lourdeur des tempes. Endormissement des hommes aux poisons des parfums.

Zanzibar

De Ghandrung à Ghorapani, l'étape la plus longue (neuf heures), nous ne quittons pas la forêt où gambadent les singes, mais, surtout, lorsqu'on débouche de là-haut, on tombe sur le plus merveilleux des spectacles. A perte de vue, de vallées en montagnes, ça n'est qu'un tapis, qu'un ciel de rhododendrons en fleur ; des arbres de 25 mètres de hauteur avec, en cadeau s'il vous plaît, des orchidées comme s'il en pleuvait.

Népal

En attendant le départ, il y en avait qui piétinaient d'impatience, d'autres, au contraire, qui se relaxaient hindouistement, d'autres encore, les « pros », les terreurs du macadam, qui se massaient les mollets, les cuisses, et se pommadaient l'entrejambe. L'un d'eux, avisant ma tenue classique de jogger, m'interpelle :

« Tu peux pas courir comme ça, papa ! Faut te mettre en petite culotte ! »

Comme je n'avais pas de petite culotte sous mon survêtement et que je ne me voyais pas m'élançant, en slip, vers la place Léon-Blum, je dis :

« Vous croyez que c'est la petite culotte qui fait l'homme ? »

Le prenant de haut, il me répond :

« Non, papa ! Mais si tu veux pas avoir des cloques là où je pense, tu ferais mieux de suivre mes conseils. »

Puis, condescendant, il reprend :

« Fais-moi voir un peu tes seins ! »

Croyant avoir affaire à un homo, je m'apprêtais à battre en retraite quand, soulevant son maillot, il me montra les siens.

« Tu vois, papa ! J'y ai mis du sparadrap. Ça empêche le frottement et, si tu n'en fais pas autant, tu vas te mettre à saigner des tétons et ça va dessiner un grand onze tout rouge sur ton tee-shirt ! »

Marathon, 1978

Une fois repérés les monstres, après avoir mis des noms sur les formes étranges qui sollicitent son subconscient et avoir reconnu au passage lions, sphinx, bouddhas, tortues ou dragons, le voyageur des Tassili fera surtout connaissance avec le sable et l'immensité. Durant une semaine, il apprendra à écouter le silence et à se repérer au soleil, au vent et aux étoiles.

Hoggar

A cet instant, chacun des marcheurs se posait la question de savoir si cette pastorale berbère à laquelle il était convié n'allait pas se transformer pour lui en retraite marocaine, genre retraite de Russie, et si la rivière Tessaout n'allait pas devenir sa Berezina personnelle.

Haut-Atlas

A Zanzibar, un hôtel fantôme échoué sur le rivage. Grand comme un transatlantique. Impressionnant comme une cathédrale vide. Cathédrale sans nef, sans chœur, sans flèche. Une sorte de bâtiment à la soviétique, à la chinoise, qui gît sur le flanc du sable où quelques marcheurs égarés, prêtres du romantisme en loques, tentent vraiment de s'y retrouver entre l'idée qu'ils se faisaient de l'île et l'amertume qu'ils en éprouvent.

Zanzibar

Sans prétendre que cette guelta miraculeuse est la propriété de « Terres d'Aventure », on doit cependant reconnaître que « Terres d'Aventure » en est l'inventeur et qu'il faut traîner ses guêtres quatre bonnes heures au fond d'un canyon avant d'y accéder, complètement ébahi. Nager en plein désert et sur plus de trois cents mètres à une époque où les oueds sont asséchés depuis longtemps, telles sont la surprise et la jouissance qui nous sont offertes par ce trek inédit au Tassili du Hoggar et que bon nombre d'organisations concurrentes voudraient bien faire partager à leurs clients.

Tassili

Eilat est là, tout en bas. Un vol de vautours nous y emmènerait en dix minutes, mais nous devons d'abord franchir le canyon rouge et descendre le Haadom jusqu'à la mer. Paysages du chaos. Début et fin du monde coulés dans la même lave gris et rose. Moïse est passé par ici. Je le sais. Il me l'a dit. Je sens l'univers à ma portée. Il me suffit d'aller d'horizon en horizon comme on va d'espoir en espoir. Marcher est encore le meilleur moyen d'aller à la rencontre du Créateur. S'il n'est pas au bout de notre route, c'est qu'il se trouve au bout d'une autre. Aller d'une route et d'une croyance à l'autre, c'est cela l'aventure.

Néguev

On gagnera Samarinda en taxi. Un tacot sans essuie-glace sous la pluie battante. Trombes de flotte huileuse et acide. Cent vingt kilomètres à toute vapeur à travers des dizaines de milliers d'hectares de forêt ravagés par l'incendie du siècle.

Samarinda, c'est la petite sœur de Manaus. La première est sur la Mahakam. La seconde sur le Rio Negro. On y ressent la même oppression. La même impression d'abandon. Villes d'un autre âge où l'angoisse et la sueur collent à la peau.

D'une rive à l 'autre, un fleuve large comme trois fois la Seine où se croisent des flottilles d'embarcations qui semblent errer, sans pilote, depuis la création du monde. L'une d'elles accepte de nous prendre jusqu'à Long Iram, un gros bourg genre cité perdue du Far West qui verrouille le pays dayak.

Trois jours et trois nuits d'un voyage au long cours, entassés sur le pont parmi de fantomatiques passagers silencieux, discrets, mais sentimentaux à en crever d'émotion. Des heures et des heures de flirt avec ma plus proche voisine. Étendus sur un lino — coincés entre le mari et la marmaille — le jeu consiste à effleurer nos mains, nos pieds. Merveilleuse redécouverte de la sensualité. Érotisme tropical. Notion de l'interdit.

Bornéo

En route pour Tagrera, nous avons longtemps suivi une piste improvisée à même le lit craquelé d'un oued. Il y poussait des coloquintes à foison, sortes de melons piégés qui éclataient sous les baskets et dont le jus imbuvable et amer est une provocation atroce pour l'assoiffé.

Sahara

Il fallait savoir s'endormir au milieu de clients tuberculeux. Savoir boire sa soupe dans des bols séculairement crasseux. Savoir affronter le matin de bonne heure, colique au ventre et pantalon baissé, un cochon noir lâché exprès au milieu de la cour pour la nettoyer de toutes ses impuretés.

Pérou

Il faut être Chinois
pour se jouer ainsi
de la terre comme
d'un ballon.
Nous admirons la
gestuelle et la pensée.

Les Chinois ont osé. Ils refont la ville en même temps que la société. Une manière radicale d'obliger l'homme à changer d'habitudes et d'univers. Et pourtant, dès l'aube, il y a toujours autant de joggers qui s'élancent à travers le chaos d'une ville sans cesse en mutation. Toujours autant de joueurs de badminton, de pongistes se renvoyant, imperturbables, de guerre civile en révolution culturelle, volants et balles. Toujours autant d'amateurs de *taï ki quan*, cette gymnastique ancestrale qui allie si gracieusement la gestuelle au mental. Toujours autant d'oiseleurs emmitouflés, molletonnés, qui viennent accrocher les cages de leurs merles gris aux branchages des parcs séculaires.

Pékin

Au Sinaï, je suis victime d'une insomnie tenace. J'ai beau doubler et même tripler ma dose de somnifères, rien n'y fait, pas même le comptage des moutons et des chameaux. Il me faudrait descendre au fond de moi-même et écoper toutes ces idées noires qui m'interdisent, chaque soir, cette si belle petite mort. La nuit, je suis dans la mouise. Sans jeu de mots : être dans la mouise, c'est être aussi coincé que Moïse le fut dans les labyrinthes du désert.

Sinaï

En dehors de Rantepao, la capitale de Makale, Mamasa et Renbon (quelques gros bourgs de montagne où la civilisation, à force, s'est installée autour des pistes), on pénètre, peu à peu, dans un âge de pierre et de boue, de superstition et de luxuriance, où la nature est reine, le buffle divinité, le mort porté aux nues, lorsqu'il n'est pas accroché en effigie aux aspérités des falaises.

Toradjas

Allure anarchique. Doit-on aller au rythme des Bédouins ou doivent-ils, eux, se soumettre au nôtre ? En un mot, doit-on marcher ou nomadiser ? *It's the question !* Nous mettrons quatre jours à trouver une sorte de compromis. Survolés par des hélicoptères de la Force multinationale, contrôlés au sol par des patrouilles égyptiennes, nous décidons d'abandonner la route et de nous enfoncer au cœur du Sinaï par le mystérieux Wadi Malkha.

Sinaï

Au Népal, l'aventure n'est pas au coin de la rue mais au coin des lodges. La nuit, on y croise des drogués de la marche venus du monde entier. Certains se transportent des années durant le long des sentiers séculaires — une manière de s'enfuir de soi-même.

Népal

A Katmandou, désillusion et temps couvert. Impossible d'apercevoir cette fameuse chaîne himalayenne vers laquelle on va se précipiter dès le lendemain. Dans les rues, autant de hippies que de vaches sacrées mais, si on sait de quoi se nourrissent les premiers, je me demande qui distribue l'eau et le fourrage. Peut-être existe-t-il un service de la voirie spécialement créé à cet usage. Des vaches, il y en a même une dans la cour du *Manaslu Hotel* où nous logeons. C'est un ancien palais qui n'a plus rien de fastueux, mais on est bien content, après la douche, de s'allonger sur un vrai lit que personne, toutefois, n'ose ouvrir.

Katmandou

Dès 4 heures du matin et malgré la surveillance — très lâche, il faut le reconnaître — des garçons d'étage qui disputent une partie de cartes devant leur téléviseur recouvert d'une serviette-éponge, je me retrouve dans l'avenue principale. Quelle n'est pas ma surprise de voir, si tôt, des centaines de joggers de tout âge courant à petit train.

Aussitôt, je remonte chausser mes baskets et me voici donc, à mon tour, courant au milieu des Chinois dont le nombre ne cesse d'augmenter. En arrivant sur la grand-place, une Tian' anmen en miniature, mais assez vaste pour contenir un bon millier de trottineurs, mon étonnement va croissant. Outre ceux qui pratiquent le *taï ki quan*, il y a là de très nombreux joueurs de badminton qui ont tendu leur filet sur des bâtons fixés au porte-bagages de leur bicyclette et qui s'en donnent à cœur joie.

Chine

Entièrement projeté sur lui-même, coupé du monde, tendu vers l'effort, soucieux jusqu'à la folie de ses jambes, de ses pieds, de sa forme, le marcheur sécrète sa propre drogue. Pas à pas, il la fabrique, et la consomme ; elle lui permet à la fois l'absence et l'élévation. Tout au long de notre randonnée, nous croiserons ainsi des hommes et des femmes, couples ou solitaires, sortes de fantômes disponibles ou insensés qui se baguenaudent, hantés par leus châteaux de rêves, dans le suicidaire espoir d'être dignes un jour d'affronter les grands sommets.

Népal

Je revois ce paysage bouleversant qui puait la charogne ; dépassant le piéton, des bandes de gauchos impénétrables s'enfonçaient dans la poussière. On aurait dit une promenade autour d'un écran de cinéma : les choses paraissaient immuables, éternelles. Les gauchos étaient de vrais gauchos de film, on ne voyait rien d'eux : seulement des formes brunes avec un foulard autour du cou et un cheval entre les jambes. De loin en loin, une vache squelettique se traînait sur le bord de la route, sans doute pour apercevoir un homme ; elle restait plantée à nous regarder passer, puis soudain ses jambes fléchissaient et la bête tombait sur ses genoux comme une pénitente. Un demi-beuglement pour demander sa nourriture... Le Paraguay était mon pain, ma viande de cheval, ma nourriture de malade. Derrière la frontière, le Rio Panama recouvrait la plaine comme un drap de soie. Tout était estompé mais précis : un paysage de myope. Sur les rives du fleuve, devant des cabanes de terre, les vieux fumaient la pipe pendant que les enfants jouaient dans le sable.

Paraguay, 1962

Il faut parler aux Toltèques comme à des malades. Ils ont la fièvre, le délire constant. La question précise, pour eux, c'est comme la piqûre à un nerveux. Ils se raidissent, ils s'affolent. Il faut, surtout, ne jamais leur parler avec la bouche, ils ne comprennent que le désarroi et la faiblesse. Être muet, c'est être faible, avoir faim, c'est être comme eux. Plus vous êtes blessé, plus ils vous pansent.

Mexique, 1958

Prévenus de notre visite imminente, les Dayaks de Rukum Damai auxquels s'étaient joints — fait rarissime — quelques parents de Tanjung Issuy, un autre village très lointain (quatre jours de pirogue), nous attendent sur le pied de paix. Ils sont superbes dans leur tenue d'apparat, lances au poing, bouclier dressé.

Et toujours et encore l'Amazone : des plumes, des flèches. Poteaux de couleurs et totems magiques.

Dayaks

Et lorsque, un peu plus tard, éclateront les chœurs du *Requiem* de Verdi, au beau milieu de cet océan de moiteur et de brume, surgira soudain, d'un bras du fleuve emprunté par mégarde, une métropole lacustre, Venise engloutie, où les mosquées rutilantes, qui ne sont pas sans rappeler l'Opéra de Manaus, paraissent sorties du Grand Canal. Étrange confusion où le déjà vu et le déjà ressenti prennent un fabuleux coup de jeunesse !

A Long-Iram, on change d'embarcation. Une frêle pirogue remontera les rapides avec peine. Le moteur a des ratés. Son proprio la dysenterie. Par souci d'équilibre, il se vide dans un seau. D'étranges poissons s'en régalent. Paraît qu'une épidémie de typhus sévit dans le coin.

Bornéo

Port-au-Prince n'est pas une capitale ordinaire. On n'y voit rien de riche ou de tentant, hors le soleil et la mer. Les touristes qui arrivent par l'avion de Miami sont aussitôt enlevés de la ville par des taxis déglingués. Fonçant au milieu d'un épouvantable cloaque, le taxi prend peu à peu de la hauteur. Le touriste respire mieux, l'indigène aussi. Tout ce que le pays compte de « grands hôtels », de villas, de pièces d'eau, de fleurs exotiques, se trouve situé et prend vie à la cime de cette colline verte qui surplombe le monde en souffrance. La ville est en couches, elle râle depuis des siècles sans parvenir à se mettre au monde, c'est la capitale de la boue et du bois, le sol défoncé, les maisons en planches qui se gondolent sous un ciel rigide, des quartiers entiers qui craquent la nuit comme la carcasse des vieux navires : un étang de misère dans lequel on ne pêche rien. Abandonnée par la bourgeoisie noire, maintenant citadine de la colline verte, Port-au-Prince bâille sa tragédie au visage.

Port-au-Prince : Haïti, 1958

Et un soir, je suis tombé dessus. C'était un pueblo comme les autres, en apparence. Minuscules maisons basses, murs en brique de boue séchée mélangée de paille et de bouse de lama. Une porte unique, seule ouverture sur la vie. J'ai vraiment eu l'impression que j'allais enfin pouvoir refaire le monde à partir de cet endroit.

Altiplano

Seul maître à bord après les dieux, l'armée et la police, le chef du village s'occupera de la nourriture et de l'hébergement. La nourriture est frugale : riz au sambal (sauce pimentée) avec, de-ci, de-là, dans votre bol, quelques abats de poulet ou de chien. Le tout arrosé d'un café local, à en rendre pâle de jalousie la clientèle d'Hédiard et de Fauchon. Un de ces cafés récoltés et torréfiés sur place, à l'ancienne, et sans pesticides, s'il vous plaît ! Une pureté absolue. Un goût sans pareil.

Toradjas

Ni calumet de la paix ni haschich, mais une ambiance de haute fraternité où seul détonnait un Berbère francisé, ouvrier chez Citroën, en vacances dans son village natal, mais qui s'était tout de même tapé un jour de piste en voiture et deux à dos de mulet pour revoir sa vieille mère. Le gars semblait sans noblesse et sans âme, étranger aux rites, aux coutumes de chez lui, mais peut-être en nous voyant si attentifs, si intéressés, se sera-t-il mis enfin à l'écoute de son peuple et aura-t-il oublié comme nous tous, ne serait-ce qu'un bref instant, qu'il possède ailleurs un engin motorisé à quatre roues, plus une grille de loto déposée dans un bureau de tabac, avec en prime des voisins de palier acariâtres et racistes.

Parole, ce ne sont pas les trekkeurs qui polluent le Haut-Atlas, mais bel et bien les émigrés qui s'en reviennent pour un temps au pays, en roulant des épaules et de l'esprit tant que ça peut, ramenant comme preuve tangible de leur « fabuleuse réussite » un vieux poste télé noir et blanc, qui ne sert à rien puisqu'il n'y a pas l'électricité mais sur l'écran duquel, pourtant, les villageois pourraient imaginer les divagations aguichantes et trompeuses de ce Berbère parisien.

Haut-Atlas

Au départ du semi-marathon — 21,125 km réalisés, mais oui, en 2 h 15 —, je pesais 82 kg contre 77,8 à l'arrivée : soit une perte de 200 grammes au kilomètre. C'était la première fois que je participais à une épreuve sportive, la première fois que je portais un numéro sur la poitrine. La première fois que j'affrontais, moi, l'amateur super-rouillé, des types super-organisés. La première fois que je me trouvais porté et supporté par la foule...

Marathon, 1978

Jusqu'à présent, j'avais toujours couru seul sur des chemins de campagne et bien davantage « à la va comme j'te pousse », qu'« à la va-vite », ne suivant que moi-même, que mon propre rythme. Voilà donc que je me retrouve, non plus sur herbe mais sur bitume, au sein d'une masse compacte de bras et de jambes, l'horizon bouché par des dos mais attrapant au vol la foulée de ceux qui me précèdent, m'accrochant à eux comme un chien à son maître ; un chien auquel on distribue, de temps à autre, un sucre et des encouragements.

Marathon, 1978

Même si vous n'êtes qu'un piètre marcheur, prenez votre temps et vos économies. Courez donc en pays toradja avant qu'il ne soit trop tard. Mais, de grâce, fuyez vite Rantepao, la capitale, et son satellite Makale. Enfoncez-vous à pied vers Tiruan, Bittuang, Pana, Nosu, Sarangdena, Lekke, Balepe, Renbon. Autant de villages fascinants, de paysages grandioses, d'émotions fortes, de coups au cœur et de faiblesses pour un peuple unique au monde, et qui refuse d'admettre la mort.

Toradjas

Moscou sous la neige. Moscou qui n'en finit pas de s'étirer. Moscou qui défile avec ses isbas magiques et ses HLM vénéneux. Moscou la géante, l'imprenable. Moscou la fourmilière avec ses dix millions de piétons qui grouillent, qui se répandent le long des rues comme si la ruche avait encaissé un formidable coup de pied. Le noir domine. Chapkas noires, manteaux noirs, bottes noires. Même le gris ici paraît noir. Vent glacial. Moscou sous – 20 °C. Moscou sous la neige et le vol noir des corbeaux.

Moscou

L'Islande : un bout de terre à la dérive où les chevaux du diable martèlent de leurs sabots de feu la lave détrempée. L'Islande : l'île des dépressions. La bête noire des météorologues, le bouc émissaire des poireaux blêmes, des têtes d'asperge qui poussent leur pointe de déprime quand les anticyclones les empêchent de bronzer.

L'Islande

Cuzco : altitude 3 600 mètres. Capitale des Incas et des touristes, mais des touristes, pour l'heure, il n'y en a pas davantage que de vrais Incas. Peut-être cinquante dans toute la ville et la plupart en train de sucer des cachets de Coramyne glucosé. Le cœur, le vol. A peine débarqué, on n'entend que cela, le vol, le cœur : attention aux portefeuilles et au rythme cardiaque.

Pérou

Je me mis en marche sous la pluie, il faisait chaud et la boue rouge fumait. Cette vapeur, qui se levait jusqu'à mi-corps comme un brouillard, me cachait le chemin. Un peu plus loin, rencontrant deux cavaliers, je leur demandai :

« Por favor señor, el camino por Tajin ? »

Les deux Mexicains qui dissimulaient pourtant leur existence se retournèrent sur leur selle et pointèrent leur doigt vers l'horizon. On ne parle pas à un gringo, on lui apprend à vivre. Le sentier glaireux qui fumait me conduisit jusqu'à un bois en fouillis qui recelait un petit cimetière. Une vieille femme, couchée de tout son long sur une tombe fraîche, pleurait.

Mexique, 1958

Rien ne ressemble plus à une dune qu'une autre dune, à un château fou qu'un autre château fou, à un oued asséché qu'un autre oued asséché, à un acacia rabougri qu'un autre acacia rabougri. Pour peu que le ciel soit couvert, et c'est plus fréquent qu'on ne le croit, les points de repère s'estompent et nous trompent.

Sahara

Peu après le carrefour de la Croix de Lavande, le G.R. 9 vient croiser le G.R. 4. Ils convergent ainsi jusqu'au Signal de la Peine d'où l'on aperçoit le « majestueux » mont Ventoux, un petit Kilimandjaro de poche avec son sommet de caillasses crayeuses que l'on pourrait prendre pour une neige éternelle, jaunie par l'urine des dieux. On a alors l'impression qu'il serait possible d'atteindre ce mont Ventoux en quelques heures, mais il s'agit d'un effet de perspective qui se fait un malin plaisir à vous tromper l'œil.

Le mont Ventoux

Saint-Denis, Saint-Pierre, Saint-Paul, Saint-Gilles, Saint-Benoît, Saint-Philippe, Sainte-Rose, Sainte-Marie, Saint-Leu, Sainte-Anne, Sainte-Suzanne, Saint-Joseph. Ici le calendrier fait foi. La foi ne fait pas forcément la loi. Il ne manque qu'une Saint-Glinglin.

A peine débarqués de métropole, les curés ont entouré l'île d'une ceinture de chasteté. Ils ont cru étouffer la sensualité sous leur soutane de deuil. Ils ont pensé éteindre, doucher le feu des pulsions. Ils se sont trompés. Les filles ont fait sauter le cadenas. Elles se sont délivrées des dents d'acier qui blessaient leur pubis. Peut-être se sont-elles enfouies à l'intérieur des terres vers ces îlots inaccessibles où s'étaient déjà réfugiés des esclaves qui redressaient la tête et le sexe. J'en veux pour preuve La Nouvelle ou Grand Bassin, Cilaos ou Salazie, Grand Bénare ou La Roche Écrite.

Là, pareilles aux trapézistes, les filles se sont envoyées en l'air dans des criques où il faut, aujourd'hui encore, marcher très longtemps pour les rencontrer. Ah ! Ce balancement, ces déhanchés, cette aptitude à comprendre l'homme, à se le mettre dans la poche et la culotte sans blesser sa dignité, tout en lui laissant croire qu'il est toujours dragueur, toujours macho. Alors que le pauvre — qu'il soit z'oreille ou créole — est à leur merci comme l'amant mâle est à la merci de la mante religieuse : c'est-à-dire aussitôt cannibalisé par les bras qui se referment sur lui.

La Réunion

Ph. R. Gaillarde

Ahmed et Ahmed. Rien à voir, bien sûr, avec les Dupond et Dupont. Ces Ahmed-là sont les détectives des sables — on aura maintes fois l'occasion de s'en rendre compte. Fière allure, grands, souples, épaules étroites, cages thoraciques réduites, ils présentent un minimum de surface au vent, tout en offrant une somme de savoir énorme pour ce qui est de la vie nomadisante.

Ils reconnaissent un chameau à trois kilomètres, savent par qui il est monté, d'où il vient et où il va. La même chose en ce qui concerne les Land, les camions et les engins de toutes sortes. Rien n'échappe à leur regard de faucon et à leur perspicacité ancestrale.

Cette fois-ci, pourtant, quelque chose cloche. Sans être argentins ou mexicains, ils sont néanmoins machos et ne comprennent pas comment un honorable vieillard de mon rang — trois mariages et deux divorces — peut se laisser commander par une fille. Ils en sont chagrinés, perturbés. Pour rien au monde ils ne voudraient obéir à cette petite gazelle parisienne, et le lui font savoir. On a beau leur dire, et ils le savent d'ailleurs très bien, qu'elle a l'expérience du désert, qu'elle connaît la région comme sa poche, qu'elle y a vécu en circuit fermé plusieurs mois, mangé du serpent et du chameau enragés, bu dans tous les points d'eau et escaladé tous les « châteaux », ils ne peuvent admettre qu'elle soit leur cheik et leur caïd. Il faudra beaucoup de patience et d'astuce pour les décider à lever le camp.

Loin des pistes, loin de la voie ferrée, en suivant les lignes de crête, j'ai retrouvé intact, dans l'œil des Indiens, un sentiment séculaire : la méfiance envers les Conquistadors. Il n'y a rien à faire contre cette méfiance et il faut même parfois, c'est le jeu, la provoquer. Sur l'Altiplano, un Blanc mal rasé, fatigué, un peu dépenaillé, rappelle le souvenir atavique des troupes soldatesques et jésuitiques qui ont mis le pays à sac. La mémoire indienne n'est pas aussi courte que la nôtre. Et puis, les gens ne comprenaient pas que nous soyons venus de Cuzco à pied. Soit ils nous prenaient pour des voyageurs trop pauvres pour se payer le train, soit nous passions pour des fugitifs ou bien des trafiquants de coca.

Altiplano

Le désert incite au prêche, prédispose à la prédilection, mais ne vous élève pas pour autant. Bassesses et mesquineries font aussi partie de ce monde du silence où les conflits ne sont point toujours à la hauteur des âmes.

Sahara

Je traverse la ville à pied en remontant l'interminable rue des Orphelins. Les orphelins, ils doivent être enterrés avec leur père, sous les buildings climatisés qui bordent les deux rives de ce fleuve de béton. Quelques Chinois à chemise jaune et à bottines de gentleman s'entraînent à battre du tambour. Ça fait des années qu'ils s'entraînent, mais, au fond, on sait qu'ils sont payés par la municipalité pour faire fuir les rats hors de la route. Les rats ne supportent pas le tambour ; moi, je préférerais voir les rats et ne pas entendre le tambour.

Santiago du Chili, 1952

Le restaurant *Jade Garden*. Tout est rouge et or, poussiéreux et triste : un rouge mal léché, un or mal coté, une décoration bouffée par le mauvais goût et le salpêtre. C'est humide, poussiéreux, triste mais solennel. Une salle à manger qui n'en finit pas d'aligner ses tables et, de-ci, de-là, au gré d'un recoin, à la fantaisie de l'architecte, un petit salon rideaux fermés, à l'intérieur duquel, entre deux morceaux de canard laqué, un notable bedonnant fait tinter les pièces de son mah-jong. Au *Jade Garden*, ce soir, il n'y a pas d'autres touristes que moi-même. Le maître d'hôtel m'a invité à m'asseoir près de la grande baie vitrée d'où le regard peut se cogner comme un papillon de nuit dans l'attraction des lumières et ne plus jamais s'y retrouver. L'œil s'assomme lui-même contre la beauté sauvage. A quoi bon soigner le décor d'une salle de restaurant quand on a sous les yeux le cataclysme bouleversant d'une ville à ventre ouvert, césarienne pas encore cicatrisée et d'où s'échappent au grand galop des voiles, les jonques sœurs jumelles des sampans qu'éclaire le fanal des accoucheurs, ces grands navires venus du bout du monde auprès desquels s'affairent les grues et les coolies, les mendiants de placenta et les mulets bipèdes qui traînent leur pousse-pousse rouge sang pour une promesse de riz.

Hong Kong

Ne jamais débarquer dans une grande ville un jour férié. Un jour de liesse, oui. Se méfier des dimanches, des week-ends où la capitale s'est refermée sur ses magasins, où la population a tiré sur elle les rideaux de fer. Tout n'est plus que perspectives vides, que bras ballants, que nonchalances. Rues et paysages affichent l'ennui. Il y a là quelque chose de trompeur et d'artificiel qui confine à la torpeur et à l'abrutissement. La ville est faite pour trépider comme la fourmilière est faite pour grouiller.

Ah ! pouvoir donner un coup de pied dans la ville. Voir enfin des hommes paniqués sortir de chez eux et se disperser en étoile aux quatre points cardinaux.

Même sentiment lorsqu'un avion de nuit me jette sur les trottoirs d'une métropole inconnue alors que je n'ai pu en faire le tour auparavant, me confronter à elle, y repérer mes points d'ancrage.

La ville à découvrir est comme un bateau sur lequel on s'embarque le temps d'une longue traversée. Pour bien s'y trouver, bien prendre la mer et le vent, il faut d'abord étudier le plan du navire. Filer le long des coursives, écouter la rumeur monter des écoutilles, descendre au fond des cales, courir le long des ponts. Plus tard, beaucoup plus tard, on pourra alors se soûler avec les marins, s'eniver du parfum des filles, se laisser arnaquer par les commerçants, se mêler à la foule des trottoirs, s'étonner d'un vol de pigeons comme d'un vol à la tire.

Mettre les voiles à toute vapeur sur les caps et les quartiers. Visiter des musées au pas de charge, des décharges en flânant. Humer la ville de jour pour mieux la sentir de nuit. Mieux la comprendre le lendemain. Tout est une question de rythme, de palpitations. Une ville au repos c'est une ville en convalescence, c'est de la triche. Elle risque de ne pas s'en relever.

Dans le Tassili du Hoggar avec mes fils Emmanuel et David.

Au sortir d'un canyon,
le désert infini du Néguev.
Un si grand espace dans un si petit pays.
Comment est-ce possible ?

En Chine, pas question de poser culotte au bord de la route. Tout doit, en effet, être récupéré. C'est la raison pour laquelle nous sommes obligés de faire connaissance avec les fosses d'aisance et de nous accroupir maintes fois entre nos compagnons et les villageois, au-dessus d'étroites fentes non séparées les unes des autres. Une fois la pudeur vaincue, il faut convenir que c'est assez pratique pour la conversation sans compter qu'en se pliant à l'usage, on a l'impression de rendre, à notre manière, service au pays par des dons en nature. Il faut préciser qu'au Yunnan, engrais chimiques ou naturels, les cultures débordent de partout, et que le vert des rizières et celui du chou enchantent les yeux.

Chine

Il y a beau temps que les Dayaks ne coupent rien d'autre que des morceaux de chien bouilli dans leur bol de riz, bien qu'ils aient fléché douze mille Japonais à la sarbacane durant la dernière guerre.

Dayaks

Hemingway, Kessel, Cendrars ou Pascal Danel ? Difficile de dire lequel des quatre m'avait pris par la main et par le cœur. Kilimandjaro ! Le mythe était dans ma démarche, c'est certain, ce qui ne m'empêchera pas, d'ailleurs, de mettre un tigre dans mes mollets au moment du rush final ; énergie et romantisme font parfois bon ménage.

Kilimandjaro

Lever 6 heures. Distribution de Mars et de pâte d'amandes. En route pour l'Horombo (3 720 m). Quatre heures de marche que les plus affûtés couvriront en deux heures. La traversée du Mooreland est superbe. On navigue entre mousses, fougères et hautes herbes. Puis, bientôt, on se propulse entre les lobélies géantes et les séneçons. De temps en temps on dépasse des traînards ou l'on croise un groupe épuisé qui s'en revient peut-être des cimes.

A mi-parcours, j'assiste à la descente d'un moribond atteint d'un œdème cérébral. Le type est ligoté sur un brancard roulant tiré par des rangers. Cette rencontre est plutôt dissuasive.

Kilimandjaro

Mes hôtes d'Hampatura me prenaient-ils pour une incarnation de Pizarro, un descendant des jésuites, un envoyé de leur messie Inkary ? Comment savoir ce qu'ils attendaient de moi ? Comment savoir s'ils désiraient autre chose que de la futilité ou de la pacotille ? Personne, depuis des siècles, n'étant venu jusqu'à eux, ils faisaient même parfois semblant de m'oublier. Grande devait être leur perplexité. Respecté ou toléré — au bénéfice du doute — j'étais là au milieu d'eux sans y être vraiment, tout en y étant quand même, car j'étais porteur (quel fardeau !) de ma civilisation. C'est finalement cette civilisation qui est venue troubler et interrompre notre rencontre, car au bout de dix jours, la fascination exercée par certains objets que nous possédions dérégla subtilement la tranquillité de notre séjour. J'avais une petite trousse à pharmacie. Par la voix des interprètes, j'appris que le sorcier la voulait. Puis ce furent une ceinture, un briquet, une boîte d'allumettes, des babioles. Et quand ils me demandèrent mon étui à lunettes, je compris que j'étais en train de leur faire du mal. De rompre un équilibre séculaire en y introduisant des objets qui appartenaient à un *autre* monde.

Altiplano

Parler de l'infini ou de l'horizon à propos du Sahara n'a guère de sens. Nous sommes ici au cœur de la terre, dans ce qu'elle a de plus friable et fabuleusement désolé, bien que ce désert ait connu à l'âge néolithique le foisonnement de la vie, comme en témoignent les pointes de flèche, l'outillage et les morceaux de poterie trouvés au fond des grottes ou à la surface des aires de polissage.

Hoggar

D'horizon en horizon, de ligne de crête en ligne de crête, ce n'était plus qu'un vaste et lugubre univers, l'antichambre de l'Altiplano en somme d'où montait parfois un chant d'une nostalgie à vous couper le souffle. Ah ! oui, nous étions loin, très loin de Cuzco et de ses krishnas au crâne rasé qui déboulent chaque soir sur la place d'Armes dans un charivari de tambourins et de flûtes.

Pérou

Douzième heure de marche.
C'est encore la fraîcheur.

Ph. Dominique Olivotto

24 heures non-stop, avec « Les Marcheurs du septième ciel » sur les sentiers du Morvan :

document brut

Décryptage des cassettes

Première heure de marche (il en reste vingt-trois)

Nous venons du Relais fleuri, une auberge où nous avons passé la nuit. Bien mangé, mal dormi ! L'angoisse de l'épreuve. On va essayer de tenir vingt-quatre heures debout. Peut-être 110, 120, 130 kilomètres. Cela dépendra du terrain, des dénivellations, de la condition, de l'ambiance. Pour l'instant, après vingt minutes de marche, je n'ai pas encore trouvé mon rythme cardiaque mais je me sens bien. J'ai chaud. Nous faisons un petit 6 km/h, une vitesse de croisière. Tout à l'heure, nous accélérerons.

C'est la première fois que je parle en marchant. Que je tente de m'expliquer les choses à moi-même tout en les faisant comprendre aux autres. Dans mon sac à dos, un magnétophone miniature, posé par Léon et Gérard, les deux techniciens d'Europe N° 1 qui nous accompagnent. Sur la courroie de mon sac, le micro. Et, à ma gauche, à portée de main, un bouton qui commande l'appareil. Le micro enregistre mon souffle comme le sismographe reproduit les vibrations de l'écorce terrestre... J'inspire, j'expire trop bruyamment. Mauvais, ça. Le cœur est aux abois, il faut lui donner à bouffer de l'oxygène. Lui remonter le moral.

A côté de moi, mon copain Hervé Derain, l'un des deux patrons de « Terres d'Aventure ». Ensemble, nous avons « fait » le Kilimandjaro, le Cantal, le Pérou, le Transsibérien... Nous avons tout fait ensemble ! Il n'a pas marché depuis quatre mois mais je suis sûr de lui, je sais qu'il tiendra jusqu'au bout. Et puis bientôt, il y aura la fameuse randonnée au Tibet dans laquelle « Terres d'Aventure » est partie prenante.

Nous avançons le long d'une petite route sinueuse. Ça sent le fumier, le purin. Un coq chante. Le fou ! Il est 10 heures du matin.

Bientôt le G.R. 13. Il y a deux ans, c'était en novembre, j'ai randonné sur ce sentier. Du brouillard, de la neige, une solitude extrême, quasi himalayenne. Le soleil déclinait, je redoutais de passer la nuit dehors. Je n'avais rien emporté, pas de tente, pas de sac de couchage, pas de frontale. Juste un petit sac à dos... Et soudain, dans le brouillard, une silhouette. J'ai crié : « Qui êtes-vous ? Arrêtez ! » J'étais comme un gosse qui a perdu ses parents. Puis j'ai ouvert les yeux : devant moi, une créature superbe, une Hollandaise de dix-neuf ans. Elle venait du Midi et, comme moi, elle avait perdu son chemin. Nous sommes tombés dans les bras l'un de l'autre. Je précise que nous étions en France, et la France, ce n'est tout de même pas le désert... Et, pourtant, nous avions l'impression d'être seuls au monde, égarés en plein Morvan, à 900 mètres d'altitude. Nous sommes restés longtemps immobiles, main dans la main, la gorge serrée. Et puis nous sommes repartis ensemble, en suivant les traces d'un tracteur. Elles menaient à une ferme. Les paysans ont refusé de nous ouvrir. Alors, nous avons continué, liés par une espèce de solidarité amoureuse. Nous avons marché ainsi pendant quarante-huit heures. Un jour, j'irai la voir en Hollande.

Deuxième heure de marche

Mon souffle est toujours saccadé, je fais du 6 km/h trois quarts. Une pointe ! Mais ça n'est pas vraiment la forme. Heureusement, une montée s'amorce. Je préfère les montées aux descentes et aux plats. L'idéal, c'est le faux plat, cette dimension un peu illusoire. En marche, j'aime bien me griser d'abstractions. Mon corps colle à la terre, mon esprit vogue dans les myriades. Cette nuit, si tout va bien, je ne saurai plus exactement si je gravis les côtes ou si je les descends. Cette nuit, serai-je une étoile filante ou une brouette cassée ?

Une réflexion de Robert, l'un de mes compagnons : « La première nourriture du marcheur, c'est le paysage. » Je suis d'accord, bien que je m'en défende. La plupart du temps, j'ignore ce qui se passe autour de moi. Je suis à l'écoute de moi-même. Mais, dans le même temps, je garde toujours l'horizon dans mon champ de mire. Je le grignote, ligne par ligne. Il faut se faire l'horizon. Littéralement, se le taper. Marcher sans agressivité, c'est mourir à petit feu.

Mon voisin de gauche, c'est Alain Cascarino. Je l'ai rencontré l'été dernier aux Célèbes, en pays toradja. Je lui ai, en quelque sorte, appris à marcher. Je suis son maître, il est mon disciple... Je viens de m'apercevoir qu'il pisse en marchant. Ce n'est pas digne des « Marcheurs du septième ciel ». Je ne me prive pas de le lui dire. Je l'engueule. Il se marre. Merde ! Je trouve ça dégradant.

Après l'urine, le pet. Le marcheur est un fantastique pétomane. Phénomène semblable à la combustion automobile. Le gaz d'échappement propulse la machine en avant. C'est du moins ce qu'on pourrait croire. Or, c'est connu, les femmes pètent moins que les hommes. Il y a incontestablement là matière à réflexion philosophique. Je renvoie le lecteur à Salvador Dali, qui s'est penché sur la question, dans un Traité du pet, *paru chez Pauvert, dans les années 60.*

Le marcheur doit se libérer d'une manière ou d'une autre. Son confort passe forcément par l'intes-

tin. Se retenir, c'est agoniser, c'est empoisonner son sang, c'est le gazer.

La pétomanie est une maladie propre au randonneur. Après quatre ou cinq heures de tension, les toxines tombent dans l'intestin où elles s'agglutinent. Elles forment une sorte de bloc, de fibrome. Arrive alors l'explosion. Une explosion libératoire. Bien sûr, cela se soigne. Mais je m'y refuse. Je vois là une liberté du corps, donc de l'esprit. En ce sens, je comprends mon copain Alain qui urine en marchant.

Je ne l'imite pas pour autant. Deux minutes trente d'arrêt. Quand je repars, les autres ont déjà disparu. Je vais essayer de les rattraper. Je passe la vitesse supérieure. 7,5 km/h. Bientôt 7 trois quarts. Il me faudra vingt bonnes minutes pour les rejoindre.

Ma cheville est douloureuse. Je me la suis cassée il y a quatre ans. Une histoire d'orgueil. Je me suis cassé aussi la vanité. C'était en Suisse. Trente personnes m'accompagnaient. Je voulus leur montrer comment on descendait un mur de glace à skis de fond. Et, d'un seul coup, le bang, le grand bang qui explose de partout dans la tête. Cheville éclatée en mille morceaux.

Depuis, je marche aux anti-inflammatoires. Je n'ai plus de cartilage. Je ne me plains pas, je constate. Le tibia frotte contre l'astragale.

J'effectue sans doute là l'une de mes dernières marches. La dernière, l'ultime — qui sait ? — sera la grande entreprise himalayenne que Pierre Beghin, Xavier Fargeas, Hervé Derain et moi-même, avons prévue, organisée dans le moindre détail. Départ : 4 octobre. Nous irons de Lhassa, capitale mytique et mystique du Tibet, à Katmandou, capitale non moins fabuleuse du Népal. Mille kilomètres à travers les plateaux désertiques et la chaîne himalayenne. La marche des marches, la marche-démarche par excellence. C'est plus qu'un jeu de mots. C'est une

Bornéo, j'en rêvais depuis l'enfance. Pas une chanson de marin, en effet, qui n'évoquait cette île lointaine. Kessel, Mac Orlan et Carco. Mais aussi Dutronc dans *L'Aventurier* : « J'ai été tapette à Papeete et puis borné à Bornéo. »

profession de foi. Un projet semblable à ma traversée du Sinaï effectuée voici un an et demi, entre Jérusalem et le mont Moïse. Huit cents kilomètres de souffrances atroces et de sublimation. J'ai fait des miracles. J'ai vécu des instants aiguisés, affûtés comme le tranchant d'une lame de rasoir. J'en suis encore coupé, tailladé de partout.

Autour de moi, le parc du Morvan. Tout à l'heure, j'ai été dépassé par l'une des voitures du « Septième ciel » chargée de nous assister, de transporter les vivres et les boissons glucosées dont nous avons besoin.

Ce matin, j'ai fait tout ce qu'il ne fallait pas faire. J'ai mangé du saucisson à l'ail, du pâté de lièvre, de la confiture, du beurre — des tartines de toutes les couleurs. Je me suis intoxiqué, alourdi de déchets. Je sais que je vais les éliminer peu à peu, car mon corps est une sorte de chaudron qui puise son énergie en consumant son propre charbon : les toxines.

Je suis seul à agir ainsi. Robert, un pro, lui, s'est nourri de céréales. Il a scrupuleusement calculé ses doses. Moi je suis le roi de l'inutile. Ce que je veux, c'est vivre, vivre comme n'importe qui et faire ce que m'importe qui ne pourrait faire.

J'ai retrouvé le groupe. Ou plutôt, on m'a gentiment attendu. Ces types-là sont des anges. Quand la nuit sera tombée, l'égoïsme reprendra ses droits, et les anges se métamorphoseront en démons. Enfin, ça n'est pas certain. On va être amenés à composer. Passer des traités, des accords. Élaborer des stratégies. Faire des groupes, des sous-groupes. Mais nous n'en sommes pas là. Nous avons encore au moins treize heures à naviguer de jour.

Les deux techniciens d'Europe N° 1 qui nous accompagnent ne sont pas des marcheurs d'opérette. Ils ont le look, ils ont le style, ils ont la pêche. J'apprends qu'ils couvrent les cinquante-quatre kilomètres du Paris-Mantes en six heures quarante-cinq. L'un d'eux, Gérard, part bientôt pour le K.2. Quant à Léon, tout en énergie, il se défonce comme une bête. Nous sommes tous des bêtes. Je hais les « marcheux » du samedi soir, les « promeneux » du dimanche matin !

Pour l'instant, la bête Lanzmann n'est pas au mieux de sa forme. Renvois de saucisson, de pâté. Renvoi à la ligne, en somme.

« Plus que vingt-deux heures ! » ironisent mes compagnons.

Vingt-deux heures... Une bagatelle ! Nous sommes huit. Huit fous à tenter l'aventure.

A l'entrée d'un village, des dindons nous saluent. Ils ouvrent de grands yeux étonnés, s'écartent pour laisser passer les « Marcheurs du septième ciel ».

Il y a dix ans, sur cette même route, nous aurions tous été chaussés de lourdes godasses, type chaussures de montagne. Aujourd'hui, le look n'est plus le même. Nous portons des baskets et des shorts de marathoniens. Certains sont en survêtement. Rien à voir avec ces fantômes de jadis, que l'on croise sur les G.R., chaussettes en bouclette rouge et chemise à carreaux. Si le look ne fait pas le marcheur, il a au moins le mérite de l'alléger, de lui donner un côté aérien.

Premiers signes de faiblesse. Mon ami, André Staut, trente-trois ans, très sportif, bon tennisman, mais qui n'a jamais vraiment marché, vient d'ôter son sac à dos : il le porte nonchalamment sur l'épaule. Pas à l'aise le Dédé. Il essaiera de tenir jusqu'au soir. Je pense qu'il tiendra.

Troisième heure de marche

Il en reste vingt et une.

J'aperçois une limace. Je pense aussitôt : sangsue. Je suis dans le parc régional du Morvan et je me crois en Himalaya. C'est idiot. Une sangsue de cette taille, ça n'existe pas, ou alors, c'est qu'elle a déjà bu un litre de votre sang. Au Népal, dans les grandes

Dix-huitième heure de marche,
Robert, un adepte du zen, s'étend pour faire le vide en lui
sous le regard amusé des copains.

forêts de rhododendrons, les sangsues tombent des branches par grappes. Comme des raisins. Seulement les raisins, ça éclate, à terre ou dans la bouche. On peut s'en gorger. Alors que les sangsues, au contraire, se gavent et s'enivrent de notre sang, de notre chair, de notre énergie. Une seule parade : fumer sans arrêt, et tenter, lorsqu'elles collent aux jambes, au visage, aux bras, de les brûler avec le bout incandescent d'une cigarette. Ou encore : s'arroser d'urine dont elles détestent l'odeur. S'enduire de nicotine. Puer la charogne. Devenir soi-même charogne et mégot, une chose innommablement dégueulasse, assez ignoble pour que la sangsue, dégoûtée, se détourne.

D'accord ! On y laisse sa dignité, mais on sauve sa peau.

Troisième heure et demie

Hervé Derain sent venir la crampe derrière la cuisse. Je lui conseille de garder le même rythme tant que la côte n'est pas terminée. Tout à l'heure, nous lui ferons un massage super-performant, à l'aide d'un baume « dynamitant » : le Cramer. Tout le monde en profitera. C'est un produit qui vient des États-Unis. Adieu baumes du tigre et du chat de gouttière ! Celui-là, c'est le prince des baumes, l'hospice des baumes ! Un truc tout à fait shootant, complètement aphrodisiaque.

Petite descente... Je dois dépasser le 8 à l'heure. Extraordinaire sensation. Je suis lancé comme une locomotive. J'espère que je ne me tromperai pas d'aiguillage, que je ne déraillerai pas en cours de route.

Alentour, rien n'a changé depuis la dernière guerre. Ce sont les mêmes paysans, les mêmes vaches, les mêmes prés, les mêmes vergers, les mêmes salades, les mêmes fruits. Dans les fermes, les mêmes moulins à café en bois que l'on cale entre les genoux et que l'on tourne inlassablement. Mêmes coqs, mêmes poules, même gadoue. Nous sommes dans la France de la force tranquille, celle que Seguela nous a inventée en 81. Non, pas tout à fait. Les vergers sont contaminés, les fruits traités, les vaches engraissées aux implants. Une France profonde qui s'empoisonne pour produire en plus grande quantité ce que l'on consommera de moins en moins. Mais, après tout, autant mourir tout de suite plutôt que d'être obligé de laver le fruit chaque fois qu'on le porte à la bouche. Plutôt que de prendre du contrepoison chaque fois que l'on avale une tasse de lait. Quelle importance ! L'important, c'est cette pérennité des saisons et des hommes, ce cycle jamais interrompu de la nature et des civilisations. J'imagine que, dans ces fermes, l'on naît et meurt en famille. Aujourd'hui, pour une naissance, une maladie bénigne, on vous transporte immédiatement à l'hôpital. Nous avons perdu le sens de la vie. Enfant, j'habitais chez des paysans auvergnats. On naissait, on mourait à volonté, à gogo, à foison. On était au centre de la vie. Un mort, ça voulait dire quelque chose. En 1985, un mort, pour un gosse, c'est un père, une mère, un frère, que l'on a conduit à la clinique et que l'on ne reverra jamais.

Il y a quelques jours, au cours d'un raout organisé par Gilles Lambert qui fêtait avec éclat sa guérison, Bernard Pivot m'a demandé : « Dis-moi Lanzmann, tu préférerais mourir en écrivant ou en marchant ? »

Je n'ai su que répondre. Sur le plateau d'« Apostrophes », j'aurais peut-être trouvé la juste réplique. Mais là, entre les yeux enfiévrés de Gilles et le brou-

haha mondain, je me suis senti con. Je sais maintenant que je préférerais mourir en marchant. Lambert, lui, il y a six mois, on le donnait pour foutu. Aujourd'hui, il célèbre la fête de la vie. Il s'en épate, n'en revient pas, et nous, ses amis, nous l'admirons. Chapeau, mon vieux ! Tu as terrassé le cancer, tu lui as foutu sur la gueule une fois pour toutes. Salut Gillou. Salut et bravo. Tu es plus fort que tous les Turcs réunis. Te souviens-tu ? J'ai connu ton frère à Mexico. A l'époque, il se tapait une Suédoise. Non, mais tu te rends compte : emmener une blonde chez les Toltèques, se la sauter chez les Mayas !

Cinquième heure de marche (il en reste dix-neuf)

... Ingurgité un bol de riz complet arrosé d'huile d'olive et d'une sauce au piment de mon cru. Maintenant, tout chauffe en moi. Deux œufs durs, un café, et nous voici tout à fait prêts à affronter une côte de quatre kilomètres.

Allure : 6 km/h. Les bornes nous servent de points de repère.

Cascarino et Derain ont décroché. Nous les attendons en haut de la côte, à Marigny, près de l'église. Ni cloche, ni curé. Pour la curée des cloches, la chasse au carillon, il faudra attendre demain. Demain, c'est l'Ascension ; le jour « J » du premier des alpinistes ici. Ça volera simplement entre ciel et terre.

... Soudain, une pulsion sexuelle. Une énorme pulsion. Étrange, tout de même. Je crois que le baume aphrodisiaque agit.

Au fond, marcher, c'est comme faire l'amour. C'est s'éprendre de la terre, du sentier. Se défoncer, se colleter à la mappemonde le long des chemins.

C'est exactement cela. Je marche comme je fais l'amour, à tout berzingue.

... Nous sommes sur le G.R. 13. Fini le macadam. Place aux flaques d'eau, aux nids de poule. La pulsion sexuelle, c'est peut-être la réponse aux nids de poule...

A mes côtés, Hervé Derain s'exclame : « Regarde, on dirait le Pérou ! » Plus loin : « Incroyable, ça ressemble au Haut-Atlas ! » Nous avons besoin de références. Et il est vrai que les G.R. de France, d'une saison à l'autre, forment une sorte de microcosme du monde.

Première rivière franchie. Le pont n'est pas de lianes mais c'est tout juste. Nous sommes dans le Morvan, je me crois au Maroc. En France, on a l'univers entier à portée de foulée, il suffit de sortir des grands axes, d'emprunter des sentiers à peine battus.

... J'écoute le murmure de la rivière, la très jolie pulsation de mon cœur. Après cinq heures de marche, cinquante-huit pulsions/minute, ce n'est pas si mal. Une pulsasion par année de vie...

On navigue en souplesse. Le sentier est à la route goudronnée ce que l'« Épéda multispires » est à la planche cloutée des fakirs... La terre amortit les chocs. Le goudron les répercute dans les genoux, dans les vertèbres cervicales, dans la tête.

L'étroitesse du chemin nous oblige à marcher en file indienne. Comme au Népal, ou dans les Rocheuses. Le randonneur est, de ce fait, assimilé, intégré à la nation indienne. Il y a quelques années, je me trouvais à Catskill, à environ trois cents kilomètres de New York. Tout à coup, mon guide, un bûcheron, d'origine moitié norvégienne, moitié indienne, tombe en arrêt devant des herbes, des espèces de trèfles. Il en cueille quelques-uns et les mange sous mon regard étonné. C'était, me dit-il, de l'herbe à indien. Ses ancêtres s'en nourrissaient lorsqu'ils entreprenaient leurs grandes migrations ou qu'ils fuyaient devant les yankees. A mon tour, je cueille quelques brins et les porte à ma bouche. Un goût un peu acide, très agréable, qui rappelle l'oseille... Durant plusieurs jours, nous avons mangé de cette herbe. J'avais l'impression d'accomplir un rite séculaire. J'en faisais déjà tout un mythe, quand de retour chez moi, à La Celle-Saint-Cloud, je remarque, dans un massif, des trèfles identiques. Même odeur, même saveur... Je me rue sur le dictionnaire et je lis : « Oxalis, plus connue sous le nom d'herbe à Indien... » Le mythe était brisé. Net. L'herbe à Indien, j'en avais plein mon jardin.

Sixième heure de marche

J'ai enfin trouvé mon rythme. 6,5 km/h, une allure honorable. J'élimine mes toxines comme le vieux linge sa crasse dans une vieille lessiveuse. Je suis trempé. La soupe à la sueur.

Hervé vient d'enlever son pantalon de survêtement. Il a son baume à portée de main. La crampe guette derrière la cuisse. Cela signifie qu'il manque de sucre, que l'hypoglycémie menace.

Ce soir, si cela m'est possible, je téléphonerai à ma femme et à mes enfants. Je les ai sentis presque plus inquiets que lors de mes départs en pays lointains.

Quand j'entreprends un long voyage, je ne précise jamais la date de mon retour. Je n'aime pas davantage surgir à l'improviste. Je veux laisser aux miens le temps de se remettre de mon arrivée surprise. Je fais donc en sorte que ce ne soit pas tout à fait une surprise. Alors, je téléphone, ou j'écris, au dernier moment. Un jour, je ferai une fausse arrivée surprise...

Hervé a la phobie de la crampe. Je crois que c'est un vicieux. Il se shoote au Cramer. Nous lui massons les cuisses et les mollets à tour de rôle. Cette salope de crampe, comme d'habitude, le saisira au moment où il s'y attendra le moins. Hervé n'a jamais marché plus de seize heures d'affilée. La dernière fois, c'était dans le désert du Sonora au Mexique. Un coin lugubrement lumineux où les cobras, les scorpions et les mygales se ramassent à la pelle...

Rien d'anormal donc si le thème de cette réunion de sorciers est placé sous le signe du paradis perdu. On y évoque la migration sans fin des Tupi-Guaranis brésiliens jetés à corps perdu vers l'est à la recherche de cette « Terre sans Mal » dont les chamans louaient la plénitude. Après d'innombrables souffrances, famines, maladies, massacres, ils finirent par échouer dix ans plus tard, s'étant paumés dans leur continent, en la province péruvienne de Chachapoya. Au lieu de la Terre promise, ils y trouvèrent des conquistadores espagnols fraîchement débarqués, diables barbus et cuirassés, poursuivant leurs rêves d'or et de gloire.

Nullement découragés, les Tupi-Guaranis, croyant avoir mal interprété leur mythe, remettent ça pour dix ans, changeant d'Est ou Ouest. La marche, cette fois-ci, durera des siècles, si bien qu'au début du vingtième un savant brésilien localisa un petit groupe de Guaranis du côté de Sao Paulo. Le savant s'accrocha à eux. Il colla à leurs corps décharnés et à leur esprit fou jusqu'à la plage d'Itanhém. En découvrant la mer démontée qui barrait la route de l'Est, ils chantèrent et dansèrent des jours et des nuits afin d'entrer en état de transe et de ressentir ce don de légèreté qui leur permettrait de s'envoler pareils à la mouette par-dessus l'océan et d'aborder la « Terre sans Mal ».

LE LAMA BLEU

Nous naviguons en sous-bois. J'ai l'impression que ma tête roule dans les feuilles mortes. Coton et feuilles mortes de part et d'autre de mes tympans... Je préfère les passages à gué aux passages à vide.

... Je suis en queue de la file indienne. Je me suis laissé décramponner, un vrai délice. Ma cheville est douloureuse, mais cela fait partie du jeu. Je subirai une opération en janvier, après ma grande marche tibétaine. Je me suis fixé ce délai. Lhassa-Katmandou, un extraordinaire pèlerinage. Et puis l'opération : une arthrodèse. Je pense à « dose », je pense à « drogue ».

... Nous longeons la rivière. Bientôt un lac. Il existe une architecture des rivières et des lacs. Les maisons sont généralement prétentieuses, petites-bourgeoises, style faux nouveau riche. L'architecture des voies ferrées ne vaut pas mieux, avec ses lotissements mesquins, bâtis en pierre meulière, plus déprimante que le béton des H.L.M. Je m'y suiciderais en signant mon bail. Mieux vaut le parpaing que la pierre meulière. Ça respire plus carré, moins rococo. La clef, c'est de trouver son architecture à soi, sa petite mesure humaine. La mienne est là, sur ce chemin, dans cette terre. Ma maison, c'est ce paysage. Qu'importe s'il me plonge dans des états effroyables, qu'importe s'il me laisse indifférent. Ce qui compte, le côté tzigane, le côté roulotte, le côté métèque, le côté Juif errant du marcheur.

Nous allons jambes nues. Mes copains sont devant moi. Quatre... six, sept. Le compte est bon. Baskets, chaussettes de tennis, sacs à dos légers. Le look, la classe. J'ai attendu des années avant de devenir un pro, moi l'éternel amateur. Somme toute, la seule médaille qui me ferait plaisir, la seule décoration que j'accepterais, ce serait le trophée du meilleur marcheur. Je cours après.

... Des chiens aboient sur notre passage. Ils me font penser aux chiens des Toradjas. Toujours ce besoin de références. L'année dernière, je suis allé aux Célèbes avec Cascarino. Cinq jours de marche sous la pluie battante, dans les rizières. De l'eau jusqu'aux cuisses, des sangsues en prime... Et ça

pleuvait dru chaud... Des flammes humides qui tombaient du ciel en cataracte.

A chaque halte, on rencontrait des gens oppressants, des gens qui n'avaient pas vu d'étrangers depuis vingt ans et qui ouvraient leurs yeux, leur cœur. Ces croque-vie-là ont résolu le problème de la mort, parole ! Ils laissent le cadavre de leurs proches à la maison, au milieu de la salle à manger... Parfois, on en trouve quatre ou cinq, assis ou couchés dans des cercueils béants. Ils restent ainsi pendant dix, quinze ans, jusqu'au jour où la famille va les déposer sur des rochers, les accrocher à une aspérité.

Au bout d'une semaine d'humidité à vous détremper la moelle et les os, j'ai été envahi d'une immense déprime. Et, pour la première fois de ma vie, j'ai prié. J'ai demandé à Dieu de venir à mon secours. Je lui ai dit : « Vas-y, mon vieux, fais briller ton soleil, je suis venu ici pour avoir chaud, pas pour crever comme une orchidée flétrie dans la forêt vierge... » Et puis, je lui ai dit d'autres choses, des choses que je ne peux pas vous raconter, des choses qu'on ne dit qu'à Dieu... Le lendemain, contre toute attente, contre toute prévision, le soleil était là. Nous avons marché dans une chaleur torride. Si torride qu'au quinzième jour, j'ai récité à nouveau ma prière en hébreu. Cette fois, je voulais que le soleil s'en aille, que la pluie recommence à tomber...

La pluie n'est pas revenue.

... Attaqué par un essaim de moucherons. Ils me prennent pour une charogne.

... 14 h 45. La colique, comme le beaujolais, est arrivée. Une chiasse d'apocalypse. Mes tripes ne sont plus à la mode de Caen, vous pouvez m'en croire. C'est la débandade, la déroute intestinale. Se vider par le ventre ne purge pas l'esprit. A peine si ça le préoccupe. Ça ne relève pas de sa compétence.

J'ai sorti mon mouchoir. Je l'agite comme un drapeau blanc. A me voir sur ce G.R., vous me croiriez prisonnier d'une armée-fantôme. On pourrait s'imaginer que je demande grâce... Mais pas du tout. Si je tiens mon mouchoir de cette façon, c'est pour le faire sécher. Voilà. Il faut toujours se fier aux apparences. Je n'ai d'ailleurs jamais douté de la transparence des visages. Les bonnes gueules font les bons amis. Je me trompe rarement.

Papa, quand il marchait, ça n'avait rien à voir avec la promenade, la balade ou la flânade. Plutôt avec la guerre et même la guérilla, tellement il fonçait, tellement il bouffait le paysage, tellement il effarouchait les kilomètres. Papa, il perdait tellement sa sueur qu'il en arrosait les chemins et que la poussière ne se soulevait même plus.

LA BALEINE BLANCHE

J'aime déceler la part vulnérable des êtres, la fissure dans le roc. Je sais que, si je gratte un peu, je vais en frémir... J'aurais peur de cette sensibilité mise au jour, peur de l'érailler à coups de mots... Quelquefois, je m'amuse à faire du mal à mes amis. L'ennui, c'est qu'ils ne savent pas que je m'amuse.

Mes pas écrasent les graminées et ma mémoire éclôt. Les souvenirs font un doux bruissement d'éboulis. Je marche en avant de mes pensées sur un grand tapis de silence.

Je suis dans le Morvan et je me souviens de cette émission d'Yves Mourousi où François Mitterrand était invité. On ne savait plus très bien qui était le président de la République et qui était l'animateur. A plusieurs reprises, Mitterrand a employé les mots « branché », « chébran », « craignos ». Or, « craignos », c'est tout à fait démodé. Aujourd'hui, les gos-

ses de dix-douze ans ont une expression beaucoup plus forte, une expression mortelle, terrifiante : « gol ». « Gol », c'est-à-dire mongol, c'est-à-dire mongolien. La première fois que mon fils a employé ce mot, je l'ai engueulé ; et puis, j'ai découvert qu'il ignorait le sens du terme « mongolien ». Alors, je lui ai pardonné. Donc, « gol » est arrivé. C'est dans l'air. Je suis « gol », mes copains sont « gols », le monde entier est « gol ».

Septième heure de marche (il en reste dix-huit)

Je suis toujours dans ce foutu sous-bois, aux côtés de Derain et de Cascarino. Les autres ont décroché. Nous les retrouverons tout à l'heure.

On est bien, on se plaint un peu, on parle pieds, genoux, enfants, femmes. Tout se mélange, les choses deviennent très abstraites. Le marcheur est un égoïste forcené. Le monde peut s'effondrer, il continuera à marcher parmi les décombres.

J'ai mal au genou, je pense polio. Je m'imagine marchant aux côtés de Roosevelt dans son fauteuil roulant. Ce soir, nous aurons notre Yalta à nous. On s'arrêtera quelque temps, aux alentours de 21 heures, et l'on décidera du partage de la nuit comme les grands ont décidé du partage du monde. On verra ceux qui se sentent bien, ceux qui se sentent moins bien. Ceux qui ont la puissance, ceux qui n'en peuvent plus.

Les meilleurs marcheront ensemble, les pires ne marcheront plus du tout, les médiocres essaieront de tenir vaille que vaille. Partager la nuit. Voilà ce que nous allons faire. Le partage de minuit, un truc à la Claudel.

Déçu par les hommes qui lui en avaient fait baver des ronds de kippa, cette petite calotte sous laquelle on se cache du regard de l'Éternel, Moïse grimpait pour prendre son pied et s'abrutir de silence. De course en course, avec Dieu pour unique client et sponsor, il se paya bientôt toutes les arêtes et aiguilles, toutes les Jorasses et tous les Eiger, tous les à-pic et les couloirs, les cheminées et les surplombs qui encombrent ou hérissent le massif du Sinaï. Si le tranchant des crêtes est moins aiguisé aujourd'hui qu'autrefois, si les arêtes ont une fâcheuse tendance à faire le dos rond, c'est que justement Moïse y a usé plus d'un fond de culotte, plus d'une paire de brodequins. On peut même dire qu'il s'y est frotté tant et tant qu'il a fini par remodeler le relief. Pas une paroi qui ne soit trouée de points d'appui. Pas un rocher qui n'ait été creusé. Qui n'ait servi de grotte et d'abri. Pas un surplomb qui n'ait vu Moïse y installer son bivouac. Pas une faille où il ne resta suspendu à son piolet. Pas une pierre sur laquelle il n'ait glissé. Pas une cavité où il n'ait allumé un feu. A croire que Moïse, tout en se baladant, Grand Poucet égaré, y laissait ces traces à nous destinées.

LE SEPTIÈME CIEL

Alain se paie une méchante trachéite. Jamais vu ça. On dirait qu'il marche avec sa gorge. Dorénavant, je l'appellerai gorge profonde.

Dans la vie, Alain fait du négoce. Il importe des colifichets d'Extrême-Orient. Des chaussons, des babioles, des conneries. Il s'en tire comme ça. Il travaille comme un damné, subit des humiliations en se bousculant aux portes des grandes surfaces. Ici, il s'éclate avec nous. Il oublie la meute des clients aux abois. Le marché aux hommes, le marché aux esclaves et aux produits... Avec Alain, je pourrais dévaliser des grandes surfaces, voler des chevaux... C'est fou ce que je pourrais faire avec lui. L'ennui, c'est qu'on ne fera jamais rien de tel. Mais l'important, c'est de savoir qu'on pourrait le faire.

Nous venons de rencontrer deux vieilles dames. Elles habitent un hameau voisin, en bordure du G.R., où les voitures n'ont pas accès. Elles nous regardent passer. Le randonneur, c'est leur petit écran à elles.

L'une d'elles s'approche de moi et me dit : « Oh, mais ce monsieur-là, je le connais, il travaille à la télévision ! »

C'est la rançon, ou plutôt le contraire de la gloire. La vraie gloire, c'est d'être reconnu pour ce qu'on est : l'auteur du Têtard, *de* La Baleine blanche, *du* Lama bleu, *du* Septième Ciel. *Pas pour un type qui travaille à la télé !*

Marcher, c'est éprouver ses forces, interroger ses limites. Ce matin, sur l'autoroute, j'ai voulu tester la puissance de ma voiture. Je comptais monter à 200, 220 mais à 180, une sirène s'est déclenchée. Ces Suédois sont terribles. Cette cote d'alerte, le marcheur, lui, ignore à quel moment il l'atteint. Aucune sirène n'est incorporée à son organisme. Lorsqu'il atteint 8-9 km/h, lorsque le corps et le cœur ne suivent plus, pas d'alarme, d'antivol, de craquement. Cela n'aurait d'ailleurs aucun intérêt. La règle du jeu, précisément, consiste à dépasser ce seuil, ce point limite, afin d'accéder à ce fantastique état de déroute et de capilotade.

Après les moucherons, les taons. Ça pique. Je me demande si les taons ne sont pas des sortes de motards ailés envoyés par Dieu pour nous piquer les fesses et les mollets, et nous obliger à ralentir. C'est peut-être ça le signal de détresse.

... A 19 heures, une ambulance commandée par mes soins viendra nous assister durant la nuit. C'est rassurant, une ambulance. J'espère que le chauffeur sera sympa. Peut-être une fille superbe, une masseuse thaïlandaise, une vicieuse auxerroise ?...

Curieux. J'ai toujours pensé que le sexe et la marche ne faisaient pas bon ménage. Or, aujourd'hui, je pense autant au sexe qu'à la marche. Sans doute un effet du baume.

Je patauge dans la boue. Les autres ont pris une bifurcation. Je sauterais bien le fossé qui me sépare d'eux mais je crains de me blesser. Les pieds du marcheur, c'est comme les doigts du pianiste.

Me voici en pleine jungle. Le bourbier, le merdier. Les ronces me griffent les mollets. Il ne manque plus que les crotales.

Aaahhh ! Eh bien, c'est fait. J'ai ramassé une belle gamelle. J'ai de la bouillasse jusqu'au ventre : le bain parfumé à l'humus. Sur les rivages de la mer Morte, il existe deux ou trois établissements spécialisés dans le traitement des rhumatismes. Les clients viennent du monde entier. Ils barbotent dans la boue jusqu'au cou. Affligeant spectacle. L'être humain devient une sorte de quartier de viande rassie, enrobée de chocolat au soufre.

Il y a quelque chose de guerrier à marcher sur ces sentiers humides. Ce n'est pas dénué de charme. Le charme discret du mercenaire... Tout marcheur agressif a en lui un combattant qui sommeille. Je tire sur la cible de mes obsessions, de mes fantasmes. Mon gibier est illusoire. Je suis à la fois le chasseur et la proie, le poursuivant et le poursuivi.

... Je viens de remarquer un truc inouï. A l'époque des Tampax, je suis passé devant une ferme. Dans la cour séchaient, sur un fil, des serviettes hygiéniques. Comme toutes les campagnes, celle-ci évolue lentement. En ville, les jeunes ne savent plus ce qu'est une serviette hygiénique. Ils ignorent que ça se lave, se sèche, s'utilise et se réutilise jusqu'à l'usure.

Ces découvertes, pour poétiques qu'elles soient, ne peuvent se faire qu'à pied. En voiture, on ne voit rien. Vous me direz que ce ne sont pas des découvertes essentielles. Pourtant, ces serviettes suspendues à un fil de fer rouillé, signifient beaucoup de choses. Cela veut dire qu'ici les femmes ne prennent

Léon et Gérard contrôlent la bande du mini-magnéto.

pas la pilule, qu'elles avortent comme autrefois, bon an, mal an, selon une coutume millénaire. Cela veut dire que cette campagne est encore hantée de guérisseurs, de faiseurs d'anges, de sorcières.

Je préfère marcher dans les déserts, bien qu'on n'y trouve pas de serviettes hygiéniques. J'aime les mornes plaines, les terres qui n'en finissent pas d'être des terres. Qu'importe la chaleur, qu'importe la soif. Il faut aller au-devant de soi. A l'horizon des horizons, quelque chose se cache, quelqu'un m'attend.

En attendant, ce G.R. n'en finit pas. Nous en sortirons bientôt. Nous n'avons pas encore effectué la jonction avec les autres. Oh ! ce ne sera pas une jonction mémorable ! Peu d'enthousiasme, ni cris, ni larmes. Non, pour verser des larmes de joie, il nous faudra attendre la nuit, quand l'heure sera au dépassement de soi. De soi et des autres.

On n'en revenait pas d'être toujours en vie, à plat ventre sur la terre, alors papa a soupiré en disant que, nous autres, les maquisards, on n'était pas faits pour se battre en ligne à un contre cent. Il a dit, papa, qu'on était faits pour le harcèlement, pas pour la tranchée, on a été bien contents de décrocher.

LE TÊTARD

... Je regrette qu'au cours de ces marches sur les G.R., de ces marches à la française, il n'y ait jamais d'enfants pour nous supporter, s'étonner, nous ovationner. A n'importe quel autre point de la terre, dans n'importe quel village malien, mexicain, péruvien ou chinois, les enfants sont là, prêts à accueillir les randonneurs étrangers. Ils virevoltent autour d'eux comme des hirondelles, les fouillent de leurs yeux, de leur curiosité. Les enfants indonésiens, eux,

en plus de leurs regards fouineurs, font retentir des clameurs qui vous vrillent les tympans, vous plantent des banderilles dans le corps.

Jamais je n'oublierai l'accueil que les petits Toradjas m'ont réservé l'été dernier. Je sais qu'ils grandiront, je sais qu'ils deviendront des hommes, avec tout ce que cela comporte de faiblesses, de réserve et de haine, mais leurs stridences émerveillées resteront à jamais gravées dans ma mémoire.

Huitième heure de marche (encore dix-sept)

Nous avons quitté le G.R. par inadvertance. Il faut passer à travers champs et chemins de traverse.

Ce n'est pas l'aventure, et ça n'y ressemble pas non plus.

Il est 16 heures. Le ciel est couvert. Les nuages fourbissent de méchantes gouttes dans leurs entrailles grouillantes. La pluie finira bien par nous tomber sur la tête, en déluge.

Sept heures et dix minutes de marche. J'ai l'impression de m'ennuyer. Ce n'est pas une impression, je le dis franchement : je m'ennuie. Je n'ai pas encore accédé à l'état de grâce. La grâce ? J'espère qu'elle me visitera cette nuit.

Pour l'instant, non, je peine, je patouille. Ces G.R. sont irritants. Il faut regarder où l'on met les pieds, faire attention à chaque racine, à chaque pierre.

Sept heures et vingt minutes de marche. Toujours la déprime. Hervé Derain me confie qu'il a flippé pendant six heures, et que ça recommence seulement à aller mieux. Jean-Paul et Léon ont disparu depuis une éternité. Nul ne sait s'ils sont devant ou derrière.

Mes pieds naviguent dans une espèce de marmite pleine d'ampoules et de sparadraps. Ça nage, ça surnage, ça clapote.

Coup de cafard. Coup d'ombre. L'ombre est mortelle quand elle est mal portée. Le coin est sinistre... Je courbe l'échine sous le ciel trop bas.

Une pancarte, un village... Nous traversons la place des fusillés. Soudain, je sens comme un chien sauvage qui me mordille l'intérieur de la cuisse. C'est la crampe fatidique. La gueule de la bête est entravée, mais la muselière ne va pas tarder à voler en éclats.

... Ouf ! La côte est finie. Je suis passé de cinquante-six pulsations/minute à cent huit. Ça tape fort dans la poitrine. André est cramoisi. Pas mal pour un débutant. Il est superbe dans l'effort. J'aime lire la douleur sur le visage des autres : le meilleur livre qui soit.

Une coccinelle a élu domicile sur ma main. J'ai soufflé, en vain. On dirait qu'elle se plaît. Heureux présage. Après ses cabots, le bon Dieu nous envoie ses anges. Petite coccinelle, remonte-moi le moral pour toujours.

Isolement fortuit. Une minute quarante-cinq d'arrêt. Mes compagnons sont loin devant. Je devrais courir pour les rattraper, je ne le ferai pas. Où es-tu Jean-Paul ? Et toi Léon, d'Europe N° 1 ? Avez-vous trouvé les chemins de vos rêves ? Êtes-vous déjà montés au septième ciel ?

Moi pas. Je transpire. Je chaudronne entre ciel et macadam. Autour de moi, des abattis. Ça sent encore le brûlé. Je m'attends à voir surgir, d'un moment à l'autre, des Dayaks emplumés et sarbacanés. Les Dayaks cultivent sur abattis. Juste ce qu'il leut faut pour vivre. Très bons marcheurs, les Dayaks...

Huit heures trente de marche. Nous forçons un peu l'allure. Nous faisons du 6,5-7 km/h. Je me sens parfaitement bien, complètement défatigué. Il me semble que je pourrais marcher des siècles. Il faut dire que j'ai de qui tenir : mon peuple vient de loin, c'est un habitué des grandes migrations. Nous marchons depuis l'aube de l'humanité.

Au fond, ces randonnées extrêmes ressemblent beaucoup aux grands boxons d'avant-guerre. Ce sont de fabuleux défouloirs. Je pense à ces salons de style 1900, où les types venaient se pinter et déverser leur trop-plein de rancœurs et de foutre. Si les boxons existaient encore, nous serions peut-être vautrés dans les paillettes et le strass au lieu de nous acharner à éliminer notre stress sur ces routes d'enfer. Strass, stress, les matériaux du toc...

Neuvième heure de marche

Nous n'avons toujours pas rattrapé Léon et Jean-Paul. Nous nous dirigeons vers le saut du Gouloux. Je crois qu'on l'appelle ainsi parce que l'eau de la cascade fait « goulou, goulou ».

... Je traverse une phase assez morne. Ça va, ça vient. C'est comme la vie.

... Encore quinze heures de marche. J'ai envie de me mettre à compter. Un..., deux..., trois..., quatre... Compter jusqu'à satiété, jusqu'à l'abrutissement. Les chiffres matraquent le cervelet. Pure désespérance... Je vais me reprendre en main, en bride.

Dixième heure de marche (il en reste quatorze)

Nous nous sommes arrêtés trop longtemps : 35 minutes au saut de Gouloux. On s'est précipités sur la nourriture comme des chacals affamés. Nos deux copains ne sont toujours pas là, d'où cette attente prolongée.

L'ambulance nous a rejoints, un énorme bahut où l'on peut monter à huit. On dirait un Airbus. Cinq cents francs la nuit, il serait dommage de s'en priver.

Tout à l'heure, j'étais en crise de tétanie. Les muscles des jambes marchaient tout seuls. J'avais des rats dans les mollets. J'ai pris du sodium, du potassium, du magnésium, du calcium, tous ces noms en « um ». Maintenant, je suis un surhum.

Il est 19 h 45. J'accuse une terrible fatigue. Il fait très beau. Beauté italienne, douceur veloutée du soir. Une lumière florentine nous enveloppe. Dans les champs, des gens pique-niquent.

« Où allez-vous ? demande l'un d'eux.

— Nulle part, nous marchons pendant vingt-quatre heures. »

Mine ahurie du gars.

« C'est un défi, vous comprenez ? » lance mon copain Hervé.

Voilà, c'est exactement cela. Un défi.

... Un proverbe chinois dit : « Si tu partages ta maison, elle sera deux fois plus petite. Si tu partages ton pain, tu en auras deux fois moins. Mais si tu partages ta joie, tu en auras deux fois plus. » Le gars ne partage rien. Ni le pain, ni le point de vue. Le proverbe chinois dit encore : « Si tu partages la souffrance d'un ami, il souffrira deux fois moins, et toi tu ne souffriras pas davantage. » Pas sûr...

Onzième heure de marche

Hervé me dit : « On est masos, hein ? » Je ne sais pas. Je ne crois pas. Nous essayons seulement de connaître nos limites. De voir comment vont nos limites. Comment vas-tu, limite ?

... En pays dogon, lorsqu'un Dogon rencontre un autre Dogon, le premier demande au second :

« Comment ça va ? Comment ça va, ta femme ? Comment ça va, ton père ? Comment ça va, ta mère ? Comment ça va, tes voisins ? Comment ça va, tes cousins ? Comment ça va, tes voisines ? Comment ça va avec ton cœur ? Comment ça va avec ta tête ? Comment ça va avec tes pieds ? »

Tout y passe. Et le second Dogon, lui, répond la vérité, la vérité toute nue : quand ça va mal, il dit : « Ça va mal. » « J'ai plus d'argent, ma femme m'a battu, mes enfants m'ont quitté. »

En France, quand quelqu'un vous demande : « Ça va ? », on répond « Ça va », même si ça ne va pas du tout.

J'aime les saluts, les grands saluts. Les Bédouins du Sinaï se touchent le front, le cœur. S'embrassent les mains, se murmurent des secrets à l'oreille : frou-frou d'étoffes et litanies.

Robert délire. Il a soixante-cinq ans. Sérieux, il dit : « Regarde, les vaches s'orientent toujours cul contre vent. Lorsque ses appareils de bord ne fonctionnent plus, la première chose que regarde un pilote en perdition, c'est la position des vaches par rapport au vent. Il sait alors comment atterrir dans un pré sans casser du bois. »

Quatrième isolement. L'apocalypse a vécu mais c'est quand même le bout des intestins.

... Notre ambulance a six roues. Peinte en noir, ce serait un corbillard.

... Je viens d'avaler un moucheron, à moins que ce ne soit un papillon, un oiseau de nuit, un épervier ?... Non, ça doit être une chouette. J'ai une chouette dans la gorge.

Nous avons retrouvé Jean-Paul et Léon : paumés sur le G.R., ils ont ramé des heures à flanc de colline, à se taper des dénivellations démentes. Jean-Paul est teinturier. Il aurait pourtant besoin d'un peu de couleur. Sa pâleur m'effraie. J'ai fait les Cent kilomètres de Millau en sa compagnie. Je crains qu'il n'accuse cette fatigue supplémentaire !

Autour de moi flottent des odeurs de sueur et de goudron que mon magnétophone s'obstine à ignorer.

La nuit tombe peu à peu. Nous faisons du 7 à l'heure. Le compte à rebours est commencé.

Des heures et des heures de paroles, de tension ; un effort considérable.

Septième isolement en douze heures de marche. C'est anormal et c'est épuisant. Tout mon corps brûle, se combustionne et se vide.

... Souvenirs de New Delhi. A l'aéroport, les passagers se bousculaient devant les chiottes à la turque. Dix-sept fois rien que pour moi seul... On en avait jusqu'aux genoux. L'homme-pipi, un Indien, était débordé. Assis sur un petit banc, il priait. Il adressait à Dieu un message chargé d'effluves abominables, d'eau pourrie, de légumes avariés, de microbes et de bactéries. J'avais des têtards plein les tripes, ça faisait floc-floc, et ça explosait en même temps.

Rimbaud lui-même a connu ça. Dans une lettre qu'il envoie à sa sœur Isabelle, il écrit : « Figurez-vous que je porte continuellement dans ma ceinture seize mille et quelque cent francs d'or ; ça pèse une huitaine de kilos et ça me flanque la dysenterie. » Rimbaud, le plus grand marcheur français, le plus grand marcheur de tous les temps. Il sillonnait les déserts comme un forcené. Ses exégètes, ses biographes le savent. Pour connaître ce qu'il a vécu, ce qu'il a enduré, il ne suffit pas de suivre son itinéraire de Charleville à l'ancienne Abyssinie, de traverser le Harar en jeep... Il faut se mettre dans son sillage, renifler ses empreintes, suivre sa caravane, en faire partie — mériter d'en faire partie — attraper les mêmes chiasses, les mêmes colères. En réalité, l'or n'était pour rien dans ses atroces coliques. Plutôt l'eau pourrie, la bouffe avariée.

Tiens, ça y est, atteindrais-je enfin le septième ciel ? Les poussées d'andorphines me poussent au cul...

Près de moi, André, les jambes raides comme un cheval fourbu. Il est là, debout, il tient, il refuse l'abattoir. Plus même : drogué de fatigue, tétanisé, André semble trouver son état de grâce, 7,5 km/h dans une montée. J'ai peur que cet excès ne l'achève, que le panache n'ait un mauvais goût de fumée.

Treizième heure de marche (il en reste onze)

Nous allons faire une courte étape. Le temps de nous restaurer, de nous panser, de nous retrouver. Et puis nous attaquerons à nouveau, jusqu'au matin. Les onze dernières heures s'annoncent difficiles.

... Un jour, Xavier Fargeas m'a dit : « Le sommet, c'est un moment plat. » Ici, le plat est un moment de sommet.

... Je zombifie. Je ne sais plus si ça monte ou si ça descend. Si je suis sur du vrai ou du faux plat. Il y a une demi-heure, du restaurant, j'ai téléphoné à ma femme. Elle m'a demandé de faire attention. Attention à qui ? Attention à quoi ? Je lui ai dit : « Embrasse les enfants... », et j'ai raccroché. C'est le côté guerrier de l'entreprise.

Vous connaissez tous cette séquence de western où l'on voit un Yankee poursuivi par les Indiens. Blessé à mort, il talonne sa monture et réussit à rejoindre son fortin. Là, il délivre son ultime message avant de rendre le dernier souffle. Je suis ce Yankee fléché par une horde d'Indiens invisibles : pas question de capituler avant d'avoir retrouvé Fort Saint-Cloud. Cette mission-là fait de moi un être indestructible.

Nos sacs à dos et nos baskets sont équipés de petits rectangles fluorescents. Nous clignotons dans la nuit. Nos seuls points de repère s'envolent au vent. Nous sommes des lucioles surgies de nulle part, elfes, lutins ou farfadets. Ça phosphore dur, mais ça carbure pas terrible.

... Au restaurant où nous nous sommes arrêtés, je me suis percé deux ampoules plantaires grosses comme des œufs de pigeon. A coup de ciseaux. Je n'avais pas d'aiguille. Vlan ! Maintenant, la chair s'ouvre. J'ai mal.

Il s'agit d'ignorer la douleur. De la surmonter. Je ne suis pas un héros : il est toujours possible de dominer les souffrances que l'on s'est imposées à soi-même. La vraie torture, c'est le fait d'ignorer quand ça va s'arrêter, à quel moment le bourreau va cesser l'horrible crime de chair.

Minuit. L'heure du crime. La nuit agresse de partout. Je me livre à un travail épuisant : une sorte de goutte-à-goutte des mots dans le micro qui me pèse de plus en plus. De l'exercice physique ou de l'épreuve intellectuelle, quel est le plus éreintant ?

... Envie de compter. Je devrais me taper les doigts de pied à coups de règle. C'est obsédant de compter, comme si l'on mesurait le temps qui nous reste à vivre. Je lutte contre les minutes et les secondes.

... A ma droite, on me dit que ça monte. A ma gauche, on me dit que ça descend. Et moi, je suis au milieu, coincé dans l'ignorance.

Ça monte, ça descend... Quelle importance ?

... Tout à l'heure, au dîner, j'ai alimenté ma chaudière. Je ne performe pas pour autant. Le rail a quelque chose de rouillé, les bielles sont un peu usées. Je ne suis pas malheureux, oh non ! Je suis au contraire très heureux de me retrouver là, sur cette route qui ne veut pas finir, en compagnie de quelques copains aussi fous que moi. Mais j'essaie de comprendre pourquoi la combustion des aliments ne me fait pas avancer plus vite. Sans doute parce que l'ère de la machine à vapeur est révolue. Désormais, il faudra se mettre des réacteurs entre les cuisses, derrière les mollets. Le rail, c'est bien, mais la voie aérienne, c'est royal.

Minuit et demi. Hervé m'apprend que l'un de nos compagnons porte son testament au poignet sous forme de microfilm : une photo et une fiche signalétique complète accompagnée d'instructions. Il donne son corps à la science. Je n'oserais pas envisager un truc pareil. Parlez d'un cadeau pour la science ! Mais je ne me moque pas. Moi-même, à chaque départ, je laisse à ma femme une lettre où figurent mes dernières volontés. Je ne veux pas qu'on me rapatrie, je veux être incinéré. Ce sera un grand feu de joie. Plein de chansons : « Il est

5 heures, Paris s'éveille », « J'aime les filles », « Et moi, et moi », « Le petit jardin ». Peut-être ferai-je lire également des extraits de mes bouquins. Je n'ai pas encore fait le choix. Comment saurais-je si cela presse ?

Exprimées à voix haute, mes lugubres méditations jettent un froid dans le groupe. Les copains m'évitent...

Long panache de nuages blancs qui flotte au fond d'une vallée. Les étoiles filent comme des bas nylon. Ça crisse dans le ciel. Bientôt seize heures de marche.

Nous sommes entrés dans la seizième heure
(encore huit)

Je l'avoue, ce sera très, très dur. Mais, dans ma tête, ça commence à devenir magique.

... Cet après-midi, je pensais être brillant à la nuit tombée. Je ne le suis pas. A moins que ce ne soit cela être brillant : se taire, exister en silence dans le tumulte du corps.

L'ambulance nous rejoint, s'arrête. Nous assaillons le chauffeur. « Où est le café, où est le thé, monsieur Thibaut ? »

M. Thibaut, il doit l'avoir mauvaise, parce qu'il est venu pour faire l'ambulancier, pas le cafetier.

Comme Vince, le héros de La Baleine blanche, *nous courons après l'impossible. Seulement, Vince était un pur esprit. Il ne marchait pas, il volait. Nous ne sommes pas de purs esprits. Nous sommes, au contraire, affreusement pesants, souillés par ces boissons vitaminées, et cette nourriture trop riche ingurgitée tout au long de la journée. La prochaine fois, je le jure, je serai plus respectueux de moi-même. Inutile de suractiver l'organisme à coups de protéines. Nous sommes ballonnés, dégoûtés. Cette bouffe de champion, pour les marcheurs que nous sommes, est très dure à digérer, au propre comme au figuré.*

Il est 2 heures du matin. Aux dernières nouvelles, nous n'aurions couvert que 94 kilomètres. Environ 94 000 de mes pas.

... Nous sommes arrêtés. On pisse en regardant les étoiles, on vacille, prêts à basculer dans le fossé, exactement comme des types que l'on s'apprêterait à exécuter sur le bord de la route...

Nous avançons à nouveau sans que j'aie le souvenir de m'être remis en marche. Hervé a des roues en bois en guise de jambes. Nous ne randonnons plus, nous brouettons. Des brouettes bourrées de purin fumant. Nous marchons à l'automatisme.

Bon Dieu, comme mes réflexions sont noires. Où est la joie de la marche dans tout cela ? Mais l'aube pointe, et la joie, peut-être, avec elle.

Je me glisse dans mon sac de couchage. C'est toujours la même impression : celle d'entrer dans un cercueil, comme si ce sac était mon linceul.

Nous faisons du 5,5-6 km/h. Je suis très zombifiant, très brouettant.

Souvenirs de lectures au clair de lune. Beau Masque *de Roger Vailland... Je m'étais inscrit au P.C. aussitôt après avoir refermé le livre. C'est énorme, l'influence des livres. J'ai reçu des coups d'éblouissement fulgurants en lisant* Les Raisins de la colère, Moby Dick, Lumière d'août, L'Homme qui rit *de Victor Hugo... Tout cela, pêle-mêle, de la plus anarchiques des façons.*

J'ai attendu quinze ans avant de lire Belle du Seigneur. *J'étais tellement fébrile que ma femme cherchait à me prendre le livre des mains pour le lire à son tour. Nous étions dans le Transsibérien, dans un cocon de neige, un goulag de luxe. Pour satisfaire son impatience — toujours la même morne plaine, le même flocon, le même isba — j'arrachais les pages à mesure que je les lisais, et les lui donnais. Rien de sacrilège dans ce geste. Beaucoup de respect au contraire.*

... Jean Bruce s'est tué dans une Jaguar... A l'époque, je roulais moi-même en Jaguar. J'en ai eu quatre. Chaque fois que je prenais le volant, je pensais à la mort. Alors, un jour, j'ai changé de marque de voiture. Cette nuit, les jaguars sont là, derrière ma cuisse, comme tout à l'heure les chiens — prêts à bondir sur mes muscles, à me torturer la chair.

... Mon premier patron s'appelait Auguste Talon. C'était un minotier exceptionnel. Un paysan de génie. Je l'admirais. Quand nous labourions les champs ensemble, il se tenait devant les bœufs, face au joug, l'aiguillon en main. Moi, je manœuvrais le soc. Parfois, je m'écartais, j'essayais de poser mes sabots dans ses empreintes. Je me répétais : « Si tu

J'avançais dans la nuit derrière Bisson, ma jambe me faisait mal. Derrière nous les armes automatiques crachaient. On entendait les Allemands râler et les portières claquer. Il devait être 1 heure ou 2, je sus par la suite qu'il était 1 heure. Nous avions rampé dans les potagers, sauté des haies et des murets, à la recherche d'une lumière, d'un Français. Mais les gens avaient peur, des coups de feu partaient, des ordres claquaient. La nuit avait le feu à l'âme et nous collait au cul. Comme la fusillade se rapprochait, nous avions frappé à une porte et attendu qu'on vienne. Un homme enfin avait ouvert. Il était en chemise de nuit et, quand il nous vit, il porta la main à sa bouche, exactement comme quelqu'un qui vient de faire une bêtise.

« Monsieur, nous sommes des résistants, dit Bisson. Les Allemands nous pourchassent. On n'en peut plus. Cachez-nous, s'il vous plaît.

— Je ne peux pas, dit l'homme, ma femme est enceinte, excusez-moi. »

La porte s'est refermée sur nous et, avec elle, le mystère de cette phrase.

QUI VIVE !

arrives à tenir le coup, à épouser exactement le rythme de ses pas, d'un bout à l'autre du sillon, alors tu deviendras un aussi grand paysan que lui. » Tout ce que je sais de la vie, tout ce que je sais de la mort, c'est à lui que je le dois. J'avais douze ans.

Quinze ans plus tard, je suis revenu à la ferme en Jaguar avec des amis. Un coup de nostalgie. Auguste était en train de faner dans son champ en compagnie de plusieurs jeunes gens. Il ne m'a pas reconnu. La voiture le fascinait. Il touchait les manettes, caressait le tableau de bord en loupe de noyer. Je lui ai demandé :

« Vous ne me reconnaissez pas Auguste ?

— Non, monsieur... »

J'ai insisté, alors il a détourné son regard de la voiture, il s'est rapproché de moi et s'est écrié :

« Ah, mais grand Dieu, c'est Jacquiot, mon petit domestique ! »

J'ai fondu en larmes comme un gosse. Le petit domestique revenait à la ferme et toute l'enfance lui remontait à la gueule. Après un moment, Auguste a pointé le doigt en direction des jeunes gens qui étaient occupés à construire un char à foin. Il leur a crié :

« Cré boudiou de boudiou ! Vous êtes mes petits-fils mais vous êtes nuls, vous n'êtes rien ! Lui, le Jacquiot, c'était un vrai paysan, lui il savait dresser un char à foin ! »

Et voilà que je pleure à nouveau sur cette route, au milieu de cette nuit qui se trompe de souvenirs. Mes compagnons ne sauront pas si je ris ou si je pleure, parce que l'obscurité cache aussi bien les silhouettes que les blessures de l'enfance...

Dix-huitième heure de marche (il en reste six)

Jamais plus je ne me nourrirai aussi mal. Je suis dégoûté de toute cette viande que j'ai bâfrée. L'idéal serait de s'alimenter uniquement d'hosties. Hosties aux céréales, hosties aux légumes. Le corps de Dieu : rien de mieux pour la forme ! C'est à cette pureté que je tends.

Hosties, orties... Excellent, les orties. Bernard Loiseau, un grand chef de Saulieu (son restaurant est à vingt kilomètres d'ici) sert des œufs brouillés aux orties. C'est délicieux mais, pour l'instant, c'est moi qui suis brouillé.

3 heures du matin. Nous restons groupés. Je n'ai rien à dire. Le silence est seulement rompu par le froissement des K-Way et des muscles. Un corbeau passe... Mauvais présage.

... Je suis à l'agonie. Mille points de sciatique dans le corps. Ma tête roule et boule sur le goudron. Rupture.

... Napoléon dormait sur son cheval. Pauvre cheval.

... Première alerte : un déséquilibre moral et physique. J'entre dans l'antichambre de l'agonie, le couloir du cauchemar.

Le vertige, c'est le syndrome du macadam. J'ai envie de m'asseoir sur le marchepied de l'ambulance. Je ne le fais pas. Tenir, ne pas flancher !

Dix-huit heures trente de marche
(mon record absolu)

... Dans la vie, chez moi, derrière mon bureau, chez l'épicier, je bégaie. Quand je marche, je trébuche mais je ne bégaie pas. Étrange.

La fatigue est à l'origine du bégaiement. Mais seulement la fatigue nerveuse. Il me reste donc encore un peu d'influx nerveux.

J'aime pleurer sur mes petites misères. La jérémiade fait partie du jeu. C'est très juif. Ce que je n'aime pas, c'est être plaint. Il y a un jeu de la plainte que les « Marcheurs du septième ciel » connaissent bien. Ils y sont entraînés. Se prendre en pitié, puis s'injurier. Descendre plus bas que terre pour s'élever au plus haut niveau. Les nouveaux membres du club n'y comprennent rien. Quant aux étrangers ! Alors, là, ils afficheraient plutôt leur mépris.

3 h 25 du matin : terrible envie de m'asseoir. A la fatigue, il faut ajouter l'humidité qui nous glace.

Cascarino ne parvient plus à plier ses jambes. Pour ma part, je ne plie plus rien du tout. La seule chose que je plierais bien, ce sont mes bagages.

... Nous faisons une halte sur la place de Montsauche. Deux gendarmes surveillent la sortie d'un bal. Je n'en peux plus, je m'assieds sur un banc, comme un clochard. Nous sommes les clochards du clair de lune.

Dix-neuvième heure de marche (il en reste cinq)

C'est très dur. Tout le monde est là, en paquet. Aucun de nous, excepté André, n'a abandonné. Ce n'est plus l'heure des réflexions philosophiques. C'est l'heure de la tenue de route. Il s'agit de ne pas déraper. D'éviter le verglas, la glissade finale !

Hervé a sorti le walkman du sac à dos. Il écoute « Le Crépuscule des Dieux ». Ma musique à moi, ce serait plutôt une mélopée interminable et lancinante. A la rigueur, un chant de révolte clamé dans un champ de coton ! Quelque chose comme un negro spiritual.

... Je parle moins, le micro, mes compagnons m'intimident. J'en ai marre du psychodrame en direct.

Dix-neuf heures et trente minutes de marche

... Le silence... La nuit n'est pas vraiment tropicale... Nul jaguar dans les faisceaux des frontales. Vers les années 60, toutes les vedettes, Johnny,

Sheila, Dutronc, avaient adopté un jaguar. C'était aussi la mode des hamsters. Quand on s'est aperçu que ces bestioles ne s'apprivoisaient pas, on s'en est débarrassé. Les jaguars ont atterri dans les zoos, ou dans les abattoirs. Chez les bouchers, les ménagères achetaient du steak de jaguar. Les hamsters, eux, finissaient à la poubelle.

Dans les années 70, il y eut la mode des perroquets. Ils arrivaient de Guyane, le bout des ailes coupé. Moi aussi, j'y avais été de mon ara. Je l'appelais Thoustra ; parce qu'il parlait beaucoup. Jamais je n'ai connu un animal aussi épris de liberté. Il a détruit cinq cages à coups de bec : des barreaux d'acier. Je mettais des gants pour le manipuler, des gants de motocycliste, des gants de boxe. Il les bouffait, il bouffait mes mains, mes meubles, mes amis. A la fin, j'en ai eu assez, je l'ai donné à un oiseleur. Huit jours plus tard, alors que je me promenais rue Saint-Benoît : le choc ! Mon ara était là, dans la vitrine d'un antiquaire, empaillé. Affreux ! Ainsi fini l'ara Thoustra.

5 h 15 du matin : je viens de marcher sur un hérisson. Écrasé, victime d'un accident de la circulation.

Je n'ai plus de rythme, plus de souffle, plus de jus. L'agonie, la zombification. Nous voguons dans l'humidité. On part tous du ventre, de l'intestin, de la poitrine. Parole : j'ai l'impression que mon corps entier est un charnier : une folle envie de se purifier, d'atteindre le détachement suprême.

Vingtième heure de marche (il en reste quatre)

La plus petite montée est un calvaire. La fatigue nous flagelle le cœur. Elle y laisse des zébrures. J'ai affreusement sommeil. Les odeurs du petit matin sont écœurantes. Devant moi, s'étend la vallée noyée d'où émergent les sommets de Mont-Chelnot. Quelque chose de japonais dans le paysage ! Une brusque envie de manger du poisson cru.

Nous entrons dans la vingt et unième heure de marche

Il fait très froid. L'humidité s'infiltre par tous nos pores et nous trempe jusqu'à la moelle. Des cloches sonnent. Je n'ai plus envie de parler. Je n'ai plus envie de rien. Léon contrôle notre rythme : incroyable ! Après vingt et une heure de marche, nous faisons encore du 5 à l'heure : un kilomètre en douze minutes...

6 h 5 du matin.

Nous voici à Brassy, sur la D 235. Nous sommes partis hier à 9 heures. Nous n'avons pas accompli de prodige, le parcours était difficile, assez accidenté. Le G.R. nous a beaucoup ralentis. De toute façon, nous ne visons pas la performance, mais l'endurance.

... Maintenant, me dit Hervé, « même trois mètres, on ne peut plus les rattraper. Trois mètres ! Je t'assure, ça fait une heure que je tente de revenir à ta hauteur. »

Courageux Hervé. Il se paie une tendinite au talon d'Achille. Quant à moi, je ne ressens plus rien, sinon un vide profond. Et puis cette impression tenace d'être un héros de l'inutile.

Une boîte aux lettres à l'entrée des villages.

L'allure générale est si faible que nous pourrions nous envoyer des missives, nous adresser des petits mots d'encouragement d'une boîte à l'autre.

Une odeur de purin flotte dans l'air. J'ai envie de vomir, moi qui n'ai jamais vomi de ma vie.

Vertiges. Je me gifle. Je fouette le sang du visage. J'en vacille. Heureusement, plus nous montons, moins il fait froid. Sortir de la vallée embrumée devient une obsession. Monter, prendre de la hauteur !

J'ai la tête comme décollée du corps, les pieds soudés au sol. J'accuse, comme dirait Zola. L'ambulance nous dépasse. Elle a plus de style que nous. L'agonie. Toujours la zombification !

Vingt-deuxième heure de marche (il en reste deux)

On entame la vingt-deuxième heure. Les deux dernières seront les plus dures. Je recommence à compter mes pas. 85..., 88..., 92... Je me matraque la mémoire. Je viens de prendre un décompresseur. J'ai besoin d'être calmé, rassuré. Le médicament agira dans le bon sens. Je souffle à Hervé : « Ça n'est plus "Terres d'Aventure", c'est "Terre d'Angoisse". » Il ne se marre plus... Encore un peu de force morale et nous dépasserons l'objectif des vingt-quatre heures. Mais ne vendons pas la peau du marcheur. Personne, dans l'état actuel, ne serait acheteur !

Gérard, d'Europe N° 1, vient de décoller du groupe. Il frôle les 6 km/h. Nous, on navigue dans le coma, le coton. Il se retourne et nous prend en photo. Ce Gérard est un formidable athlète. Un ami attentif, prévenant. Léon, d'ailleurs, n'a rien à lui envier.

... Encore six kilomètres et nous arriverons à Tombouctou. Tamanrasset est loin derrière. Les caravanes que nous avons croisées venaient du Mali... Mais, qu'est-ce que je raconte ?

Bientôt, vingt-quatrième heure de marche

Incroyable mais vrai.

Encore 4,5 km jusqu'à Marigny. Ça va beaucoup mieux. La douleur au genou s'est réveillée. La cheville coince. Signe que l'énergie revient. On ne peut pas souffrir de tout, mourir de toutes les maladies à la fois. Quand le corps se manifeste, c'est que le moral le lui permet.

Nous forçons l'allure. On engage une course-poursuite contre le temps.

... L'état de grâce enfin. Nous finissons en beauté. Encore deux kilomètres. A peine un quart d'heure.

J'aperçois la dernière borne. Marigny, 1 km.

23 h 36 de marche, arrêts inclus. Nous levons le pied pour garder un peu d'énergie. A cette heure du matin, les efforts se paient très cher. Ah ! se retrouver devant un petit déjeuner, commenter l'aventure, se remémorer les passages difficiles, les élans d'enthousiasme...

... Marigny ! Sur la première maison est inscrit : « Danger, maison piégée. » Un chat sur le mur n'en a cure.

Nous restons groupés. Nous tenons à arriver sur la même ligne, dans la même forme. Tant pis pour celui qui s'est échappé. Il se prendra pour un champion ; de toute façon, il en est un...

Sept minutes d'avance sur l'horaire. Bilan de l'opération : entre 115 et 120 kilomètres. Ce n'est pas un record mais c'est honorable. On a encore du jus, il ne nous servira à rien. Personne n'a abandonné. Tout va bien. On n'achève pas les chevaux, ce matin...

Ph. Michel Baret/Rush

Avec mon fils David, dix ans et demi.

Table

DU MÊME AUTEUR

chez le même éditeur :

LE TÊTARD.
LA GLACE EST ROMPUE
suivi de
CUIR DE RUSSIE.
LES TRANSSIBÉRIENNES.
TOUS LES CHEMINS MÈNENT À SOI.
RUE DES MAMOURS.
LA BALEINE BLANCHE.

chez Julliard :

LE RAT D'AMÉRIQUE.
UN TYRAN SUR LE SABLE.
LES PASSAGERS DU SIDI BRAHIM.

chez Fasquelle :

« VIVA CASTRO ».

chez Denoël :

QUI VIVE !
LES VANGAUGUIN.
MÉMOIRE D'UN AMNÉSIQUE.
LES NOUVEAUX TERRITOIRES.

chez J.-C. Lattès :

LE LAMA BLEU.
LE SEPTIÈME CIEL.
L'ÂGE D'AMOUR.

Composition réalisée par C.M.L., Montrouge

IMPRIMÉ EN FRANCE PAR BRODARD ET TAUPIN
Usine de La Flèche (Sarthe).
LIBRAIRIE GÉNÉRALE FRANÇAISE - 6, rue Pierre-Sarrazin - 75006 Paris.

ISBN : 2 - 253 - 04084 - 3

30/6293/2